佐藤唯行

英国ユダヤ人の歴史

GS
幻冬舎新書
626

はしがき——英国ユダヤ史の魅力

　ユダヤ史に関心を持つ読者にとり、我が国の現在の出版状況は大変恵まれたものと言えよう。様々な国のユダヤ史が邦語で刊行され、たやすく読める時代が到来しているからだ。こうした中、読者諸氏は果たしてどこの国のユダヤ史が一番面白いとお感じになっているのだろうか。筆者には英国が一番と思えてならない。理由を御理解いただくため、まずは合衆国と比べてみよう。合衆国は世界最大規模のユダヤ人居住国で各界での活躍も目覚ましい。トランプ政権の中枢にも食い込んでいたほどだ。けれどその歴史は三五〇年、中世と近世前半が欠落している。歴史趣味とロマンを堪能したい読者には物足りぬ国だ。

　次はドイツ・東欧諸国との比較だ。英国と同じく中世以来の長い歴史を持つユダヤ社会だが、ホロコーストの災禍の中で灰燼《かいじん》に帰してしまった点が惜しまれる。戦後再建されたユダヤ社会は旧ソ連出身者が人工的につくりあげたもので、戦前まで栄えていた豊饒《ほうじょう》なユダヤ文化の伝統は完全に途絶え、現状は文化的にも経済的にも「取るに足らぬ」存在となってしまった。ロシアにも長い歴史を持つユダヤ社会が存在したが、旧ソ連崩壊の混乱の中で、世界第三位、二六〇万人を誇ったユダヤ人口は大半が海外に流出してしまった。

さらに言えばこれらの国々には近代英国ユダヤ史を特徴づけたグローバル進出のダイナミズムが欠落している。大英帝国形成過程において英国ユダヤ人は多数派英国人と同様に狭い島国を飛び出し、世界各地の英領植民地に雄飛し、緊密な同族ネットワークを構築してきた。彼らの中には大英帝国の勢力拡大に決定的な役割を演じた者も少なくない。それとは逆に、親の代に外国から英領植民地に辿《たど》り着いたユダヤ移民の子供が、英領に生まれたことで手に入れた「英臣民資格」を武器に大富豪に成り上がり、英本国の上流社会にデビューを果たす興味深いパターンも確認できる。いずれも独・露・東欧のユダヤ史には垣間見ることのできぬ面白さと言えよう。

　本国と植民地の間に張り巡らされたユダヤ・ネットワークの存在という点ではスペイン・ポルトガルも英国と同じだ。けれど両国には近代以後「見るべきユダヤ社会」は存在しない。長い経済的停滞と独裁政権を嫌い出国してしまったからだ。これまで指摘した「面白さの条件」を英国同様満たしているのはフランスだ。中世前期まで遡《さかのぼ》る仏ユダヤ史は英国のそれを上回る長い歴史だ。しかし難点がある。一〇〇〇年に及ぶ中世史が複雑で分かりにくいのだ。国王による一元的支配下に置かれた英国と異なり、国王を凌駕《りょうが》する大諸侯勢力が各地に跋扈《ばっこ》した中世フランスでは、ユダヤ人の中に大諸侯の支配に服する者も大勢おり、彼らが置かれた状況は地方毎に多様だったからだ。ユダヤ人が国王直属の金貸し集団として国王政府の役所、ユダヤ人財務府の支配・統制下に置かれていた中世英国の分かりやすい歴史像をフランスで描くことはできない。

　次に近世・近代だが、英国と比べ差別がかなり強かったフランスでは、ユダヤエリートが活躍できる場が限られていた点が特色と言える。ユダヤエリートが著名なキリスト教徒と協力し偉業を成し遂げる事例は英国に比べ少ない。カトリックの国フランスと異なり、プロテスタントの国英国には宗教的理由でユダヤ・イスラエルを支持するキリスト教シオニストが四〇〇年近く勢力を保ち続けているからだ。クロムウェル、バルフォア、ロイド＝ジョージはその代表だ。また宗教的信念からではないが、ユダヤ人と深く結びついた軍人・有力政治家も珍しくない。ネルソン提督、チャーチル、サッチャーがその典型だ。

　いずれも高校世界史に登場するほどの有名人だが、フランス史の中で彼らに匹敵する「ユダヤの友」は見当たらない。さらに日本とのかかわりも興味深い。ロンドン金融市場で日露戦争の資金調達に苦慮する高橋是清に対し、英国王エドワード七世の宮廷に集うユダヤの側近たちが助け船を出してくれた一件だ。

　本項の最後に英国ユダヤ系自身が世界史の流れに大きな影響を及ぼした事件を紹介しよう。一八七五年のスエズ運河買収だ。破産に瀕したエジプトが売りに出したスエズ運河を、宿敵フランスに奪われる前に首相ディズレーリが秘かに交渉を進め、盟友ロスチャイルドが短期間に巨額の資金を調達し買収を成功させ国益を守った一件だ（ディズレーリは立身のためキリスト教に改宗したとはいえ、終生旺盛なユダヤ人意識を持ち続けた人物だ）。

英国のアジア進出はこれにより加速された。匹敵する事例を仏ユダヤ史の中に見いだすことはできない。近世以後の英国が差別の少ない寛容な社会風土だったからこそ、他国に勝るユダヤ人の活躍を生み出し、それこそが英国ユダヤ史の尽きせぬ魅力となっている。次に我々は英国ユダヤ史の出発点、歴史情緒あふれる中世に舞台を移すとしよう。

英国ユダヤ人の歴史／目次

第二章　近世　53

——再入国《リアドミッション》と独自のビジネス展開

DTP　美創

第一章　中世

――大富豪登場から追放令まで

棍棒を持った男により
英国から追い立てられる３人のユダヤ人の姿
〈14世紀初めの描画の作品〉
出典：Suzanne Bartlet,
Licoricia of Winchester
(Vallentine Mitchell 2009)

英国史上歴代一位の大富豪

英国史上、最大の金持ちと聞いてロスチャイルドの名を想起する方は多いだろう。けれどそれは正しくない。英紙『サンデータイムズ』の「英国史上歴代長者番付」は一二世紀のユダヤ人金貸し、リンカンのアーロンの名を首位に挙げているからだ。全英二五州に配下を派遣し金融業を営む彼の財産は、今日の金額に換算すると二一六億ポンドに相当した。ロマン主義作家、ウォルター・スコットの歴史小説『アイバンホー』に登場する大物金貸し、ヨークのアイザックのモデルと言われている。中世英国ユダヤ社会は彼のような一握りの大富豪の寡頭支配下に置かれていた。

債務者の中にはスコットランド国王、カンタベリ大司教等、王侯貴族が目白押しだ。軍事遠征費や聖堂建設費がかさんだため所領を抵当にカネを借りたのだ。けれど農場経営から還元される低い収益の割合をはるかに超えた高利（年利四三～八六％）を返済し続けることは難しかった。一一八六年の死亡時に彼が残した未回収債権は平常年の国家収入の実に四分の三に達する金額だった。英国王は死亡したユダヤ人の財産（主に債権）の三分の一を相続上納金として慣習上徴収できた。けれどアーロンの死に際しては全額を没収してしまった。あまりに莫大な金額のためアーロンの子供たちが相続上納金の納入期限までに債権回収ができなかったからだ。

没収した債権を管理・回収するため、国王は財務府の中に「アーロンの財務府」と呼ばれる特別部局を設置した。一個人の債権回収のため政府内に特別機関を設けるなど他に類例のない出来事であった。

回収したカネは対仏戦の費用に充てようとしていた。アーロンの金融活動から最終的に最大の利益を得ていたのは国王だったことが分かる。国王がユダヤ人金融を利用して巨利を貪《むさぼ》るこの構図は、一三世紀に国王と諸侯との間で国政改革闘争が始まると、国王対改革派諸侯の主要対立軸となる。主な債務者が改革派の支持基盤、小諸侯・騎士層に集中していたからだ。

ヨーク城の天守閣「クリフォードの塔」
ここでヨークユダヤ人たちが集団自決に追い込まれた1190年当時は木造で、現存する石造りの塔は13世紀中頃に再建された

アーロンの金融活動は悲劇も招いた。それは北英の小諸侯リチャード・メイルビスへの貸付だ。借金で首が回らなくなったメイルビスはアーロンの主要活動拠点のひとつヨークで仲間を集め、返済期日当日に襲撃を企てたのだ。証文を奪い借金をちゃらにするのが目的だったが、一五〇人のヨークのユダヤ人たちは暴徒

リンカン市内にある「アーロンの家」
ユダヤ史家Joseph Jacobsは学会誌(巻末の参考文献*1)の中で、この家を12世紀後半に建てられた「アーロンの家」と特定した

に囲まれるや絶望のあまり集団自決を選択してしまった。中世英国ユダヤ史上最悪の悲劇を生み出した一因はアーロンによる厳しい取り立てにあったと言えよう。

　取り立ての過酷さを物語る史料としてはアーロンの息子、エリアスが行なった記録が残存している。一二二〇年、エリアスは騎士シモン・ル・ブレトの借金を回収するため二六人もの取り立て人をブレトの荘園に送り込んだ。一行は穀物を持ち去り、材木用に転売できる木々を根こそぎ伐採した。屋敷の扉を打ち破り、鎖帷子《くさりかたびら》、弩《いしゆみ》、蜜蜂の巣箱等金目の品を力ずくで持ち去ったのだ。

　アーロンが本拠を構えたリンカン市は、羊毛取引の中心として当時ロンドンに次ぐ繁栄を誇っていた。彼は市内の一等地スティープヒルの西側の不動産を全て所有していた。今日でも同所に建つ「アーロンの家」は英国内に現存する最古の個人住宅のひとつだ。特徴は居住性の快適さよりも防御機能が優先されている点だ。借金証文を奪いに来るやもしれぬ債務者の襲撃に備え、堅牢な石壁の厚さは最も薄い箇所でさえ九〇センチもあった。国王の城も近くにあり、救援の軍勢がすぐ駆けつけることのできる距離だった。一階部分の窓は近世に設けられたもので、建築当時は防衛上、窓は二階のみにあった。

「アーロンの家」のような当時大変珍しかった石造個人住宅は、女性が余生を安楽に送るための家賃収入を得る手段ともなった。もちろん彼女たちの中には夫の金融業を継承するタフな者たちもいたのだ。

次に彼女らの姿をみてみよう。（＊1）

女金貸しリコリシア

英国ユダヤ史学会において、女金貸しの存在は昔から注目を集めてきた。一九三四年の英国ユダヤ史学会会長就任講演「中世英国のユダヤ人女性」の中で、M・アドラーは一五人もの著名な女金貸しが土地を抵当とする金融業に従事していた事実を明らかにした。しかしS・バートレットが近年、本格的研究を世に問うまで見るべき進展はなかった。次に彼女の研究成果に主に依拠し実像に迫ってみよう。

ユダヤ人の女金貸しの中には未婚女性や亭主持ちもいた。けれど最も裕福な女金貸しは未亡人だった。大物金貸しだった旦那が死亡した後、その事業を継承したのだ。後述するビラセットとリコリシアはこれに該当する。彼女らは自分より年長で（早く死ぬ確率が高いから）裕福

表1　中世英国の通貨単位と職種別年収

12ペンス＝1シリング、20シリング＝1ポンド、1マーク＝3分の2ポンド	
最も裕福な商人・裕福な騎士	200ポンド
並の商人・貧乏騎士	20ポンド
並の親方職人・裕福な借地農	5〜10ポンド
石工・大工	3〜5ポンド
召使い	2ポンド
半熟練労働者	1ポンド

出典：J.L.Mell, *The Myth of the Medieval Jewish Moneylender* Vol.1 (N.Y., 2017), p.194より作成。年収は13世紀を基準とした。

なユダヤ人男性の中から慎重に再婚相手を選び、再婚相手が死亡する度に（時に複数回）遺産を手に入れ、富を蓄積していった。彼女らの実像は残存する史料が豊富な一二世紀末以後、明らかとなる。ユダヤ史の碩学C・ロスは、当時の英国で最も著名な女金貸しとしてブリストルのビラセットの名を挙げている。彼女の財力を測る恰好の指標は一一九四年の恣意税への担税額だ（恣意税とは封建的慣習で定められた従来の税と異なり、担税者側の同意を必要としない新税で、主にユダヤ人に課された）。全英のユダヤ人有産層に賦課されたこの税で、彼女は第一七位にランクされている。この税は十字軍の帰路、捕虜となったリチャード一世を解放してもらうための身代金財源となった。二四七人の有力ユダヤ人が計五〇〇〇マークを課された（マークとは中世英国の高額通貨単位で三分の二ポンドに相当する。ここで当時の通貨単位と職種別年収を表1

として掲げておこう）。

注目すべきは、女性が担税者数の九％を占め、担税額では八％を負担している点だ。無視し難い割合と言えよう。中世英国を通じ最大の資金量を誇った女金貸しはウィンチェスターのリコリシアだ。同時代を生きた男性の大物金貸しとビジネスネットワークを築き、息子や配下を率い家業を営む女家長だった。その名声に匹敵する女金貸しは一人もいなかった。

　業務に深く関わるようになったのは再婚相手の病死前からだった。返済を受け取るだけでなく、厄介な客に対しては返済条件を緩和する交渉を自身でこなしてもいる。ユダヤ人財務府訴訟記録を編纂した法制史学者、J・M・リッグは彼女について「あざやかな手並みの訴訟当事者だった」と評している。史料を通して浮かび上がる彼女の姿からは、ユダヤ人女性の法的独立性の高さを確認できる。亭主持ちのキリスト教徒女性の場合、夫の同意なしに単独で訴訟を起こしたり、契約書を作成したりすることは困難だった。しかしリコリシアは夫の保護監督下に置かれておらず、金融活動や訴訟を行なう際、夫の同意を必要としていない。慣習法《コモン・ロー》に縛られたキリスト教徒女性が置かれた「夫や父親の財産的な立場」と比べ、自己勘定でビジネスに従事する権限を行使しているのだ。

　それはユダヤの婚姻法が定めた権利だった。再婚相手の死後、女家長となった彼女は、南英の王都ウィンチェスターを本拠としたが、活動範囲は南英全域に及んだ。一二七五年には都合一四州を管轄する七人の州長官が、彼女の債権回収を手伝うよう国王から命じられている。債務者の中には高校世界史に登場するレスター伯、シモン・ド・モンフォールもおり、一〇〇ポンドを借りていた。彼女は国王ヘンリ三世との間に親密な関係を築くことに成功した。おそらくウェストミンスター大聖堂の建設費を融通したためであろう。ヘンリ三世が王宮にいる時には足繁く出入りし、不在の時でも王族や寵臣《ちょうしん》との間に築いたビジネス利害を調整するために訪れた。返済不能に陥った債務者から取り上げた抵当不動産の換金化が必要な彼女にとり、羽振りの良い寵臣たちは恰好の転売先だった。一方、所領拡大に余念がない寵臣たちにとっても、彼女はおいしい話を持ってくる歓迎すべき訪問者だった。王宮で顔が利く彼女を英国ユダヤ社会は頼りにした。リコリシアを王宮における自分たちのとりなし役とみなしたのだ。

　彼女は結婚を通じ資産拡大に成功した。特に再婚相手、オックスフォードのダビデは当時の英国で六番目に富裕なユダヤ人だった。中世の富裕層にとり、結婚とは家族同士の相互安全保障条約に他ならなかった。

　ダビデはリコリシアと再婚して僅か二年後、一二四四年に病死してしまう。この時リコリシアは五〇〇〇マークの相続上納金を国王に支払っている。従って彼女が相続した税引き後の遺産（大半は借金証文）の評価額は一万マークと推察される。この相続によりリコリシアは「英国一金持ちのユダヤ人女性」となった。初婚の夫との間にもうけた三男一女の内、男子はまず彼女の助手として修業を積み、長じては皆、有力金貸しとして独立した。

子供らを無事育てあげ、富と名声を得たリコリシアだったがその最期は悲惨だった。一二七七年、ウィンチェスターのユダヤ人街にある自宅から彼女と召使い女の遺体が発見されたのだ。心臓に達する刺し傷があり強盗の仕業と推定された。訃報は遠くドイツにまで伝わり、かの地の年代記の中で言及されている。同年、別の女金貸し、ボナヴィの未亡人プセラも謀殺されている。人口三〇〇〇人規模（一三世紀末）のユダヤ社会で年に二人も殺された勘定になる。彼女らの非業の死はユダヤ人金貸し、とりわけ女性の場合、その人生が常に危険と隣り合わせであった事実を我々に伝えている。（＊2）

反ユダヤ主義の起源

彼女らを謀殺した犯人たちの直接的動機はカネを奪いとることにあった。けれど犯行の背景には、「ユダヤ人は殺されて当然」という殺人を正当化するコンセンサスが存在した点も重要だ。反ユダヤ主義が高まった結果と言えよう。

西欧キリスト教世界における反ユダヤ主義の起源は三つある。その内ふたつは一二－一三世紀に出現したものだ。第一は十字軍運動による聖戦意識の発揚だ。「外なる異教徒」イスラム教徒の手から聖地奪還を目指す十字軍運動が始まった時、西欧世界の「内なる異教徒」ユダヤ人を血祭りにあげ遠征費を強奪することは論理的必然であった。第二に、同じ頃、ユダヤ人が消費者金融の中心勢力として威勢を示し始めた状況も新たな反ユダヤ主義を生み出す原因となった。複雑な複利計算を巧みにこなし、いち早く巨富を築き始めたユダヤ人金貸しに対し、貨幣経済システムに適応できず不安を募らせつつあったキリスト教徒が妬みを抱いたのだ。彼らの多くは読み書き計算も覚束ない人々であった。また一般都市民が木摺《きずり》としっくいでできた粗末な家に住んでいた当時、金融業で巨利を得たユダヤ人は小城郭のような堅固な石造りの家に住み、貴族並みの生活を送っていた。彼らの家と暮らしぶりは目に見える形で「ユダヤ人の富」をみせつけ人々の妬みを買ったのだ。

　第三に、反ユダヤ主義の最古の形態は、キリスト教の教義自体に内在した宗教的なものだ。キリスト教はユダヤ教の中からそれを批判しつつ成立した宗教であり、「ユダヤ人の宗教がユダヤ教であり、キリスト教は非ユダヤ人の宗教である」という考え方の確立が必要だった。

　そこで「使徒行伝」(九〇年代に成立)二八章二八節で、この世の人間をユダヤ人と非ユダヤ人に二分し、キリスト教を非ユダヤ人の宗教と定めた。ユダヤ人たちを異質な人間として他の人々と分け隔てるこの初期キリスト教の論理は、後の差別を生む契機となったのである。その前の五〇年頃、十二使徒のひとりパウロが書いた「テサロニケ人への第一書簡」二章一五節には、「ユダヤ人は主イエスと預言者たちを殺し……神によろこばれず、人類の敵となり」としるされている。この記述は「キリスト殺し」の責任を、イエス処刑時にエルサレムにいた特定のユダヤ人だけでなく、ユダヤ人全体に負わせている点、さらに「人類の敵」とまで非難している点で重要である。

初期キリスト教神学の中の反ユダヤ主義は、二世紀初め頃成立した「ヨハネによる福音書」八章四四節の記述をもって頂点に達した。それはイエスがユダヤ人たちに向かって、「あなた方は悪魔を父に持ち、その父の望みを行なおうとしている」と語りかけるくだりだ。

ここではユダヤ人が「悪魔の子」であるという恐るべき思想が表明されている。ユダヤ人の存在そのものを根本から否定するこの誹謗は、キリスト教世界における否定的ユダヤ人像を生み出し続ける上で決定的な役割を果たした。「聖書にはユダヤ人はキリスト殺しで悪魔の子であると書かれているではないか」という言説は、説教壇上に立った司祭の口から繰り返し信徒に向けて語られた。結果、多くのキリスト教徒の意識の深層に否定的ユダヤ人像がすり込まれていったのだ。

一〇〇〇年を超えるすり込み効果は計り知れぬ悪影響を及ぼしたはずである。「キリスト殺し」「悪魔の子」というステレオタイプが肥大化する中で一二世紀半ば、新たに生み出されたのが、キリスト教徒の幼子を磔《はりつけ》にして殺すという悪魔的ユダヤ人像だ。その最古の実例を次項で検証してみよう。（＊3）

史上初の儀式殺人告発

英国が他国と比べ反ユダヤ主義が希薄だったのは近世以後の話だ。中世では大陸諸国と違いはない。中世における反ユダヤ主義の代表的形態は儀式殺人告発だ。それはユダヤ人がキリストの受難を冒瀆する儀式を行なうため、キリスト教徒の幼子を誘拐し磔刑《たっけい》にして殺害するという、いわれなき虚偽の告発であった。白人キリスト教徒の反ユダヤ感情が弱まる今日、欧米先進国では告発は過去のものとなりつつあるが、中東地域では反イスラエル宣伝の材料として利用され、テレビドラマの中にも登場し民衆の喝采を博している。

告発主体を変えながら今日まで命脈を保つ儀式殺人告発だが、史上初の発生事例は一一四四年、英国ノリッジのものであった。それは地元在住の少年ウィリアムの変死体発見により始まる。事件の謎を解く鍵は主要登場人物たちに見られる奇妙な共通点だ。遺体の第一発見者はノリッジ修道院が領有する森林を管理する林務官で、発見場所「ソープの森」は同院の寺領だった。遺体で発見されたウィリアムの実家はノリッジ修道院から農地を借りる裕福な借地農《テナント・ファーマー》で、一族からは二人の修道士、三人の司祭が叙任されるなど同院と密接な関係を持ち、そのことから利益も得ていた。

遺体発見の直後、地方公会議の席上、ユダヤ人を少年殺害容疑で最初に告発した人物は、少年の叔母婿でノリッジ修道院の修道士ゴドウィンだった。さらに少年が失踪する直前に「ユダヤ人たちにより彼らの家に連れ込まれるのを目撃した」と法廷で証言したのはゴドウィンの娘であった。いずれもノリッジ修道院ゆかりの者たちであった。このことから中世史家E・M・ローズは、同院のトップ、司教のタープこそ告発の青写真を描いた黒幕だったと推測している。

事件の舞台ノリッジは英国で三番目に人口が多い都市で、経済成長著しく、デンマークや低地地方《ネーデルラント》との貿易でも栄えていた。この町には立派な市場、国王の城、大聖堂まであったが、ひとつだけ欠けているものがあった。守護聖人だった。

中世のキリスト教は、信徒が直接、神とむきあい祈るのではなく、自分を担当してくれる守護聖人に祈り、神へのとりなしを願う形式だった。守護聖人は信徒が所属する職業集団、居住する都市毎に定められていた。新たに守護聖人を擁立する列聖の手続きは、ローマ教皇庁の認可を得た正式な聖人の場合、最長何百年も費やされる厳格な審査が必要だった。一方、「地方的聖者《ローカル・セイント》」の場合、列聖のハードルは低く、地元民衆の崇敬、地元司教と地方公会議による承認、聖堂内への遺体の移葬、この三条件がそろえば聖者として認定されたことになる。

人々の尊崇を集める名高い守護聖人の亡骸《なきがら》（聖遺物）を所有し、まつるということは、この時代、寺院とその門前町にとって重要なソーシャルパワーの源泉となった。守護聖人の存在は献金をもたらし、大聖堂建設・拡張キャンペーンの表看板となったからだ。この点においてノリッジは他の中世英国の主要都市と比べ後れをとっていた。ノリッジには名高い守護聖人がいなかったのだ。理由は他の主要都市と比べ大聖堂の歴史が浅かったからだ。

　この町に司教座が置かれたのはようやく一〇九四年、大聖堂の建設が始まるのは一〇九六年。今回の事件の僅か半世紀前にすぎない。近隣にはアングロ・サクソン時代に遡る霊験あらたかな聖人を擁するベリ・セント・エドマンズを筆頭に、イーリー、ラムジーのような門前町があり、ノリッジはこれらの町から発されるカルト・パワーの競争力に曝されていた。これらの門前町は各地から多くの巡礼を惹き寄せ、献金と巡礼の滞在費を獲得し続けてきた。そのことをノリッジの人々はよく知っておりうらやましく思っていたのだ。

　ノリッジ修道院の幹部たちは、全国的名声を博する可能性を秘めた高貴な身分で由緒ある守護聖人の擁立を画策していた。候補の中でノリッジとかかわりを持つ現実的候補は二人しかいなかった。けれど二人の亡骸は既に他の僧院に安置され、わけてもらうこともできなかった。窮余の策として幹部たちは、一一一九年に死亡した初代ノリッジ司教ロシンガを自分たちの聖者に祭りあげようとしたが、それは無理な相談だった。彼は存命中「聖職売買《シモニア》」の罪で告発を受けた「汚れた経歴」の持ち主で、地方公会議での列聖提案に異論が出たからだ。

　思い余った幹部たちが目をつけたのが、原因不明の変死体で発見された少年ウィリアムだった。身分の高い僧、ロシンガと比べ、毛皮職人の徒弟だったウィリアムの出自・経歴は随分見劣りがしたが、人々の同情を集める「悲劇的人生を歩んだ」という点では熱狂的崇拝へと駆り立てる力を持っていた。ロシンガが老齢まで安穏と生き、自宅で安らかに死んだのに対し、ウィリアムは『聖者伝』が伝える物語によれば「異教徒（ユダヤ人）」にさらわれ、拷問され、殉教した汚れなき幼子」だったからだ。かくしてノリッジ修道院関係者たちは「少年聖者ウィリアム」を擁立することにより、自分たちの修道院とその門前町ノリッジの宗教的ブランド価値を創造しようとしたのだ。換言すれば巡礼産業の確立に他ならなかったのである。（＊4）

史上二番目の告発、グロースター

一一六八年三月、グロースターの町の宗教的中心、聖ピーター大修道院の近くを流れるセヴァン川から、漁師たちが少年の死体を引き揚げた。まもなく身元はハロルドという地元の少年であることが判明した。遺体は検死に立ち会った修道士たちの要求で、同院付属の教会に安置されることになった。その根拠は「傷跡からみてユダヤ人によって殺された」という彼らの主張であった。地元住民は少年ハロルドを信仰を守ろうとしてユダヤ人に殺された「殉教者」とみなし、その死を嘆き悲しんだ。この告発についてはこれ以上のことは分からない。残存する史料が、聖ピーター大修道院年代記の中に記載される僅か一段落分しかないからである。

　告発の舞台グロースターは、イングランド勢力が南ウェールズやアイルランドに侵攻するための出撃拠点であった。前述のノリッジがイングランド東南部の経済的先進地域だとすれば、この地は西部辺境の経済的後進地域であった。この地の大領主は、聖ピーター大修道院の他にはグロースター伯クレア家がいた。当主は剛弓伯の異名をとるリチャード・デ・クレア。彼はノルマン貴族によるウェールズ侵攻の中心的役割を国王から委ねられていた。彼は多額の軍事遠征費をグロースターのユダヤ人から借りており、深刻な信用リスクに陥っていた。一方、聖ピーター大修道院の方も、内乱期に被害を受けた聖堂の復興費用で多額の借金をユダヤ人に負っていた。めぼしい財宝を売り払い、寺領の多くを抵当にとられていたのだ。追い打ちをかけたのが事件の二年前、国王が直臣たちに課した軍役代納金だ。さらに一一六八年には国王の長女の結婚式への援助金支払いが直臣団に求められた。元々、借金まみれだったグロースター伯や聖ピーター大修道院は、この緊急のモノ入りで窮地に追い込まれてしまった。以上が川からあがった少年の遺体を利用しようと企《たくら》んだ者たちが置かれていた状況だ。

　こうした状況証拠から、恐らくは単なる溺死者にすぎないハロルドをユダヤ人による儀式殺人の犠牲者にしようとする謀《はかりごと》の背後には伯と大修道院による陰謀があったのではないかと、E・M・ローズは推測している。即ち緊急のモノ入りで切羽詰まった挙句、不足金額をユダヤ人からゆすり取るための口実として、ハロルドの死を利用したというシナリオである。二四年前のノリッジの場合と同様、告発を行なったのは無知な民衆ではなく、地元の支配階級がみずからの経済的利益獲得の手段として告発を利用したと推測できる。

文無しだったグロースター伯は一一六八年の告発のすぐ後、アイルランド遠征に必要な数千人の軍勢集めに成功している。資金をどのように調達したのか、それを物語る史料は未確認だが、恐らくは地元ユダヤ人に資金協力を迫るためのいいがかりとして儀式殺人告発が利用されたのではあるまいか。つまり、ユダヤ人側の弱みをデッチあげ、「大ごとにされたくなかったら資金協力しろよ」と脅したわけだ。

このようにグロースターの事件は軍事遠征費をゆすり取る手段であったため、二四年前のノリッジとは異なり、少年ハロルドは地方的聖者として崇敬の対象とはならず、霊廟も聖画像も作られなかった。また英国の民間信仰に何ら役割を果たさなかった。儀式殺人告発の動機は多様なのだ。とはいえ両者には共通点もある。ノリッジでの「巡礼産業の確立」、グロースターでは「遠征費ゆすりの手段」。共にユダヤ人を排撃する側はビジネスの論理に突き動かされていたということだ。この後、儀式殺人告発は連鎖的に波及し、追放によりユダヤ社会が消滅する一二九〇年までに英国では一四件を数え、さらには大陸各地に広がってゆく。（＊5）

金融活動を支えるシステム

ユダヤ人の金融活動を支えるシステムの中心は、ユダヤ人財務府という国王政府の役所だ。それは前述の「アーロンの財務府」から発展したものだ。ウェストミンスターに所在するこの役所を通じて、ユダヤ人は国王による支配、保護、搾取を受けるのであった。ユダヤ人財務府は、ユダヤ人金融のパフォーマンス（稼働能力）の最大限化を図り、その儲けを国王に納めるための官庁だった。統轄するのは定員二人の「ユダヤ人担当の裁判官」だ。設立当初は別として、一一九九年以後は全てキリスト教徒で占められた。年俸五〇マークで国王の寵臣の中から選ばれた。下役には書記、没収地管理官《エスチーター》、治安係官《サージャント》がいた。職務の第一はユダヤ人への課税、徴税だ。一三世紀英国では、ユダヤ人財源から国王が取り立てる税（主に恣意税と相続上納金）と罰金の徴収は、基本的にユダヤ人財務府が行なったのだ。

その際、力を発揮したのが最大二七都市に設置された地方支部、アルカ（債権登録庫）のネットワークだ。ユダヤ人金貸しが行なう土地を抵当とする全ての合法的貸付はアルカの中で、役人立ち会いのもとで証書が作成されねばならなかった。証書はアルカ内に厳重に保管される決まりだ。各アルカが保管する借金証文の一覧表は監査のため、定期的にユダヤ人財務府に送られた。「裁判官」たちは一覧表を検分し、次回の恣意税に各ユダヤ社会が払えるであろう担税限度額を割り出し、国王に報告し課税許可を求めた。税額査定作業には、ユダヤ人富豪層の懐《ふところ》事情に通じ、同時に国王の寵愛を獲得したユダヤ人も加わったのだ。

職務の第二は、ユダヤ人を当事者とする抵当不動産を巡る全ての係争を裁くことであった。動産を巡る係争については各地の国王裁判所も管轄権を有していたが、その際、縄張りの区別《くわけ》は、高額な係争についてはユダヤ人財務府が裁く決まりとなっていた。例えば、争乱のさなか、キリスト教徒の隣人に預ってもらったユダヤ人財産の返還を巡り、係争がよく起きたが、ロンドンでは評価額が四〇シリング以下の動産についてはロンドン塔城代の法廷が裁き、より高額だとユダヤ人財務府が裁いた。ユダヤ人金融を統轄し、同時にユダヤ人からの税の徴収を担うこの強力な役所は、他の欧州諸国に見られぬものであった。ユダヤ人財務府の設立は、中世欧州世界で比類なく王権が強大な英国においてのみ可能であったからだ。

　この役所が大量の文書を作成し、かつ厳重な保管体制をしいたおかげで、ユダヤ人金貸しの債権証書や彼らを当事者とする訴訟記録《プリアロールズ》は今日まで伝わり得難い史料となっている。他の欧州諸国と比べ、より精緻な中世ユダヤ人金融の歴史像を英国において描けるのも、ユダヤ人財務府のおかげと言えよう。

　次にローカルレベルで国王権力を代行する役人、州長官についてみてみよう。州長官にとり最重要の職務は、管轄州内でのユダヤ人の保護であった。国王にとり大切な財源だったからだ。例えば一一四四年、ノリッジで儀式殺人告発が仕組まれた際、ノリッジ司教はユダヤ人に罪をなすりつけようと神明裁判にかける策謀を企てた。この時、司教座聖堂に呼び出されていたユダヤ人を救出するため武装兵を出動させ、安全な国王の城（ノリッジ城）へ招き入れ保護下においたのが、州長官ジョン・ド・チェズニーだった。彼は教会法廷が「国王直属の民」であるユダヤ人を裁く権限を持たぬことを、ノリッジ司教に通告したのであった。

　ユダヤ人金貸しが債権を回収する際、取り立てが困難な場合には州長官とその武装従者が現場に同行し手伝うことも珍しくはなかった。「諸侯の乱」の際には、アルカから盗み出された借金証文の奪還に尽力した州長官もいた。おのずと管轄州内の有力ユダヤ人とは親密な間柄となり、互酬関係を築く例は少なくなかった。助力の際に支払われる最低二シリングの報酬は、州長官にとり臨時収入となった。またユダヤ人財務府との関係でみると、州長官は管轄州内に所在するユダヤ社会のために財務府との間をとりなす仲介役を担った。用心棒、仲介役だけでなく怖い鬼の顔も持ち合わせていた。後述する貨幣盗削者など、ユダヤ人犯罪者を逮捕するのも州長官の仕事だったからだ。

　首都ロンドンにおける主たる保護者はロンドン塔城代だった。同市の裁判管轄権は州長官、市長ではなく城代が握っており、対象はキリスト教徒のみならず、ユダヤ人にも及んでいたからだ。彼の主要職務はロンドン・ユダヤ社会における法と秩序の維持にあった。逮捕・投獄の権限を有し、ユダヤ人の死体が発見されると死因を詳しく調べるのも彼の仕事だった。ユダヤ人街を巡回しユダヤ人に狼藉を加える者を捕えるのは彼の配下、治安係官の職務であった。ユダヤ人財務府の要請を受け、納税督促のため、市内の未納ユダヤ人の身柄を塔内に拘束するのも城代の職務であった。（＊6）

中世英国のユダヤ社会

中世英国におけるユダヤ人口のピークであった一二四〇年頃、総人口の〇・二五％、総数五〇〇〇人に達していた英国ユダヤ人たちは、当時、英国で流通していた貨幣全体の三分の一に相当する二〇万マークを保有していた。人口ひとり当たりでみると、当時の英国ユダヤ社会は全欧州で最も豊かなユダヤ社会であった。とはいえ一握りの富豪が富の大半を保有する超格差社会でもあった。富の偏在を示す指標は担税額の格差だ。担税額は個々のユダヤ人の保有財産（主に債権）に比例して賦課されたからだ。

最も過重な税額が徴収された一二四〇年の例をみると、最富裕の九家族に属する一五人が全体の八一％を負担し、さらに最上位の三人で全体の五〇％近くを負担していることが分かる。一方、保有財産二ポンド以下の下層ユダヤ人は課税対象から除外されている。二ポンドは小作農や召使いの年収に相当する。それゆえ課税対象外の者たちとは、上層ユダヤ人家庭で働く召使いや家庭教師、会堂（シナゴーグ）に雇われる儀式屠畜者《ショヘート》等の下層ユダヤ人と、共同体の慈善にすがる最下層の貧民であったと推測できる。因みに中層とは、自己資金で土地を抵当とする融資を行なえる金貸しあるいは上層の業務代理人。上層は多くの代理人を各地に派遣し、王侯貴族への貸付を行なう大物金貸しであった。

彼らの健康状態については一九八二－八三年、北英ヨークのユダヤ人墓地から発掘された人骨と、同時期のキリスト教徒墓地から出土した人骨の比較から興味深い姿が見えてくる。ユダヤ人のほうがより高齢まで生き、幼児死亡者数が少ないという事実だ。栄養状態が良く、戒律で定められた生活ゆえに衛生環境も良かった結果だろう。例えば男性は礼拝前に沐浴を義務づけられ、女性も生理後、水浴せねばならぬ戒律の定めがあった。ユダヤ社会の中に優れた医療技術を習得した医師や助産婦が存在したことも大きい。出土人骨の中には、頭蓋《ずがい》骨の天辺《てっぺん》を刺し貫かれた傷を治療した、目を見張る外科手術の証拠を確認できるものもあった。中世のユダヤ医師はギリシア医学の伝統の継承者であったのだ。

　宗教生活の中心は会堂だった。祈り、学習の場であり、その設置と維持は富豪ユダヤ人の義務であった。キリスト教会当局は会堂が発する宗教的競争力を常に意識しており、閉鎖、没収を目論《もくろ》み、度々策謀を巡らした。一方、国王政府はあらたな命令を伝達する径路として利用した。また債権回収のため各地を旅する機会が多かったユダヤ人金貸しにとっては、戒律にかなったコーシャー料理を提供してくれる宿泊所としても役立った。同時に地元ユダヤ人との情報交換の場ともなった。

　次に法的地位だが、国王財政への多大な貢献への褒美として、数々の特権的自由が与えられていたことは注目に値する。それは王国内での移動・居住の自由、通行税の免除、国王の裁判所以外では裁かれぬ、治外法権とも言える特権であり、州長官、城代から特別な保護を受けられる特権だった。それらは人口の多くを占める、土地に縛られた不自由身分の農民、農奴が決して持ち得ぬ特権だった。

だから農奴の視点でみれば、ユダヤ人たちは「国王直属の自由な民」とみることもできるはずだ。居住の自由を行使できる彼らは空間移動性が高かった。より居心地が良く好遇してくれる都市に集住する傾向が強かった。都市の性格としては州長官の本拠、州都《カウンテイタウン》が多かった。

数ある特権の中でも際立っていたのは、キリスト教徒から訴えがなされた民事訴訟（金融活動を除く）において、ユダヤ人の被告は「モーゼ五書」に対し身の潔白を誓う文言を唱えるだけで嫌疑を晴らすことができた点だ。

一方、キリスト教徒の場合、一一人の免責宣誓者と被告本人、計一二人が免責宣誓することが免責の条件として定められていた。この特別待遇は、マグナ・カルタ（大憲章）の中でも改められることなくその後も継続した。一二七五年の訴訟では、ユダヤ人アブラハム某は原告側の抗議にも拘らず上述の特権を行使し、「身の潔白」を証明することが許されているからである。この特権は様々な濡れ衣からユダヤ人を守り、金融活動に専念させるために与えられたと考えられる。（＊7）

マグナ・カルタ、ユダヤ人金融を規制

マグナ・カルタとは一二一五年、英国の諸侯、騎士、郷紳等が結束して、国王ジョンに認めさせた法律文書だ。その内容は法の支配を明文化することで国王の権力を制限し、臣民の権利を専制から保護する、英臣民の基本的権利を定めたものだ。「英国憲法の礎《いしずえ》」と評されるゆえんである。ユダヤ史を学ぶ者にとってもマグナ・カルタは重要だ。六三ヶ条からなる条文中の第一〇条、第一一条において、ユダヤ人金融の債務者に対する保護規定がうたわれているからだ。第一〇条は債務者が返済前に死亡した場合、相続人が未成年の間は利息を停止するという救済措置であった。第一一条は残された未亡人に対する保護規定で、亡夫の債務については返済を全て免除するという内容だった。

一九七〇年代の日本でサラ金のゆきすぎた取り立ての結果、債務者とその家族が一家心中に追い込まれる不幸な事件が相次ぐ中、政府・議会がようやく重い腰をあげ、サラ金を規制する「貸金業規制法（現、貸金業法）」が制定されたことは年配の読者にとり記憶に新しいところであろう。

同様に一三世紀英国でも、ユダヤ人金融の厳しい取り立てにより、債務者が抵当不動産を没収され、生活破綻に追い込まれる事件が頻発していた。だからこそ、ユダヤ人金融に対する法的規制を強く求める世論が高まり、マグナ・カルタの条文中に明文化されたというわけだ。法

制定の背景はよく似ているのだが、債務者の性格は大きく異なっている。ワーキングプアを主要債務者層とする今日のサラ金と異なり、中世英国では農村のエリート、騎士・郷紳層だった。体面を重んじる暮らしぶりに不可欠な身分付帯費用（乗馬の維持費や交際費）がかさみ、負債が生じたのである。父祖伝来の所領を抵当にユダヤ人金融からカネを借りたのだが、農場経営が生み出す低い収益では高利（年利四三〜八六％が多かった）に見合わず、返済不能・所領没収が頻発し、一大社会問題となったわけだ。

しかし、マグナ・カルタにより騎士・郷紳層の不満は解消されることはなかった。一二一六年、ジョン王の死後、九歳で即位したヘンリ三世の後見役たちは、国王収入の減少を招く第一〇条、第一一条を削除してしまったからだ。かくしてユダヤ人金融に対する規制は、一三世紀半ばの国政改革闘争とその最終局面、「諸侯の乱」まで持ちこされることになるのだ。（＊8）

リンカンの少年聖者ヒュー

儀式殺人の犠牲者とみなされた者の中で最も名高いのが「リンカンの少年聖者ヒュー」だ。民間歌謡の中で歌い継がれ、中世英文学を代表するジェフリー・チョーサーに霊感を与え、『カンタベリ物語』の中でも語られているからだ。聖母を称《たた》える汚れなきキリスト教徒の少年ヒューがユダヤ人に捕まり磔刑に処せられるという物語だが、もちろん事実無根だ。一七九一年、学術調査のためヒューの遺骸を納めた棺が開かれたが、年代記に「顎の骨と前歯が折られた」としるされた、ユダヤ人側が加えたとされる拷問の痕跡は確認できなかった。舞台となったリンカンでは、ユダヤ人に対する誹謗は二〇世紀になっても続いた。某郷土史家はヒューが殺された家と遺体が投げ捨てられた井戸を特定するというふれこみで一九一一年、小冊子を発売した。ヒューの死を悼む銘板がユダヤ団体側の抗議によってリンカン司教座大聖堂から撤去されるのはようやく一九五九年のことだった。六〇年代、教会当局は告発が誤りで、ユダヤ人側が無罪であったことを公式に認めた。

　告発の中心勢力は既に中東イスラム世界に移ったとはいえ、欧米先進国でも完全に消滅したわけではない。二〇一五年五月、リンカンに集結したネオナチの一団が「少年聖者ヒュー」を称えるため大聖堂へ向かったのだ。ひとりの聖職者が行く手をさえぎり、「ヒューは聖人ではない」とたしなめたが、一団は彼をふりはらい霊廟跡に詣でて献花した。そして「事件についての現代人の言説は少年に関する記憶を侮辱するものだ」と抗議声明を行なった。類似の出来事は欧州大陸でも発生している。儀式殺人告発ゆかりの地は、今やネオナチを惹きつける磁場になりつつあるのだ。

　次に事件の概要だが、一二五五年八月、コピンというユダヤ人の家の井戸からヒューというキリスト教徒の少年の変死体が発見されたことから始まる。

数日前より、リンカン市内に仲間の結婚式を祝うため大勢のユダヤ人が各地から集まっていたことは、少年の変死とユダヤ人を結びつける伏線に利用されたはずだ。事件の鍵を握るのはヘンリ三世の忠臣、ジョン・ド・レキシントンだった。スコットランドでの外交交渉の帰路、遺体発見現場に偶然行き合わせたのだ。彼は直ちにコピンを尋問し、コピンの口から「ユダヤ人が儀式殺人を行ない少年を殺した」との自白を得た。拷問への恐怖と「命だけは助けてやる」との口約束が効いたのであろう。

知らせを聞いたヘンリ三世はリンカンに乗り込み、コピンの赦免を取り消し極刑に処した。コピンの「証言」にもとづき一〇〇人近いユダヤ人を逮捕し、一八人を処刑した。ヘンリ三世は儀式殺人の容疑で告発されたユダヤ人に対し実際に処刑命令を下した、欧州で最初の君主となった。本事件以前、全ての儀式殺人告発において、歴代英国王は告発をしりぞけユダヤ人たちの身柄を守り抜いてきた。しかしヘンリ三世はそうした歴代国王によるユダヤ人保護政策を初めて覆《くつがえ》したのである。

事件の黒幕、ジョン・ド・レキシントンが少年聖者ヒューの擁立に尽力した理由は、第一に一族の利害だった。事件の二年前、実弟のヘンリがリンカン司教に昇進していた。この弟のため新たな地方的聖者誕生を画策したのだ。既に「史上初の儀式殺人告発」の項で述べた通り、新聖人の誕生はそれをまつる大聖堂に巡礼たちの献金をもたらすものであった。実際、リンカ

リンカン司教座大聖堂

ン司教座大聖堂に安置されたヒューをまつる霊廟は多くの巡礼を招き寄せ、事件から二二年が経過した一二七七年においても、二一ポンド三シリングという結構な献金を巡礼たちが喜捨《きしゃ》している。もちろん実弟ヘンリも「新聖人誕生」に尽力した。遺骸を大聖堂内に運び、壮麗な儀式のもと埋葬し、立派な御霊屋《みたまや》をこしらえたのだ。

　原因不明の少年の変死をジョンがユダヤ人の仕業とした理由の第二は、一三世紀中頃の政治状況、即ち国王と改革派諸侯の対立の中に求められる。事件の年一二五五年は内乱勃発の三年前である。両者の対立は深刻化し、国王が頼れる主要財源はユダヤ人だけになってしまった。国王がユダヤ人財源と癒着《ゆちゃく》している限り、国王の勢力は衰えず、その力を背景に国王は諸侯・騎士に伝統的に認められてきた封建的既得権益を蔑《ないがし》ろにし続けるであろう。そう考えた改革派諸侯たちは「癒着の構図」に反感を強めていった。増大する反感に手をうたねばやがては武力全面対決となってしまう。ヘンリ三世は改革派諸侯との武力全面対決を可能な限り先送りにしたかったのであろう。状況を打開しようとするヘンリ三世の苦肉の策が、リンカンの儀式殺人告発だったのではあるまいか。つまりユダヤ人に対して前例のない苛酷な処罰を国王自身が迅速に下すというパフォーマンスを演じることで、諸侯側の反感を多少なりとも和らげようとしたのではあるまいか。そしてパフォーマンスのお膳立てを整えたのがジョンだったというわけだ。

ジョン・ド・レキシントンは、ヘンリ三世に目をかけられ短期間のうちに出世した思慮深い騎士と評される。その彼が、偶然遭遇したローカルな遺体発見現場を主君ヘンリ三世の利益に結びつけるため、儀式殺人という筋書きに脚色したのではあるまいか。換言すればこの度のケースは、地元キリスト教会の利益のみならず、国王の利益のためにも仕組まれた初の儀式殺人告発であったと言えよう。（＊9）

貧困ユダヤの生き残り戦略、改宗者の家

一二世紀後半ヘンリ二世の時代に繁栄を迎えた中世英国ユダヤ社会だが、一三世紀中頃になると困窮化する者が続出した。原因はジョン王、ヘンリ三世による苛斂誅求《かれんちゅうきゅう》と、「諸侯の乱」でユダヤ社会が反国王派により攻撃目標とされたことだ。困窮化したユダヤ人の中には、生き延びるため「改宗者の家」と呼ばれる改宗ユダヤ人の歓待施設に入所しようとする者もいた。次に彼らの姿をみてみよう。

「改宗者の家」とは、ヘンリ三世が国費を投じてロンドンの中心部に設立した改宗ユダヤ人の

歓待施設だ。設立の動機は異教徒をキリスト教に改宗させたいと願う宗教的情熱だけでなく、ユダヤ人の貧困問題をあわせて解決しようとする狙いもあったはずだ。

入所者記録を分析した中世史家R・ステイシーによれば、両親を失ったみなし子、配偶者を失った単身者が多かったようだ。通常こうした人々はユダヤ社会内部の互助により養われてきたが、一三世紀半ばの「諸侯の乱」以後、ユダヤ社会の経済力が低下し、貧しい仲間を支えるセーフティネットが崩れてしまったために、困窮化した人々が「改宗者の家」に救いを求めたと考えられる。ステイシーは一二五〇年代後半までに英国ユダヤ人の五～一〇％がキリスト教へ改宗したと推定している。

入所者は一週当たり男性一〇・五ペンス、女性八ペンスの給金が支払われた。農業労働者の日当が一ペニーだったこの時代、魅力的な金額だった。そのため改宗希望のユダヤ人のふりをして入所を求めるキリスト教徒貧民さえいたのである。衣食住の諸経費はこの給金から賄《まかな》われた。入所希望者は受洗に際し、クリスチャンネームに改名するのが慣わしだった。信仰共同体の一員となった証だ。男性の場合は国王の名、女性の場合は女王の名をつけるケースが三分の一以上で確認できる。

これは改宗事業の中心に国王が存在したことを示す証拠であり、国王を称え、感謝する意味があった。ヘンリ三世は税収面でユダヤ人に大きく依存していた。その彼がなぜユダヤ人を改宗させようとしたのか。改宗後はクリスチャンとして教会法に束縛され金貸しができない。主要な稼業を失った改宗ユダヤ人は、納税を通じての国王財政への貢献は最早できなくなる。ヘンリ三世は自分で自分の首を絞める政策を行なって大丈夫だったのだろうか。結論から言えば大丈夫だった。ヘンリ三世はユダヤ人の金融システムを無傷なまま維持するために、裕福でないユダヤ人だけをターゲットにし、受洗させる改宗運動を行なっていたのだ。改宗時には全財産が没収される決まりとなっていたが、失うべき財産を持たぬ困窮ユダヤ人にとっては痛くも痒くもなかった。入所後の安楽な暮らしを思えば改宗は魅力的な選択肢だったはずだ。

一方、ユダヤ人税の大半を負担した富裕層に対しては、改宗の働きかけはなされなかった。改宗時に莫大な財産放棄を迫られる富裕層にとり、改宗の決断はおいそれとはできぬ相談だったからだ。実際、中世史家Ｌ・フォーグルによれば、一三世紀英金融界の大物ユダヤ人でキリスト教に改宗した者は唯ひとりしか存在しない。この人物は後述する貨幣盗削の嫌疑を免れるため「入所」したと考えられる。大物とその業務代理人はユダヤ教徒のまま金貸しを続行。困窮ユダヤ人のみがキリスト教に改宗し給金を得るという図式が成立していた。

改宗者とユダヤ社会との間には、時として暴力沙汰にまで発展しかねない緊張関係が存在していた。だからこそ改宗ユダヤ人は、仕事上でも私生活でもユダヤ人と交際することが教会法により禁じられていた。原因は改宗者を「裏切り者」とみなすユダヤ人側の悪感情だけではない。改宗ユダヤ人の出現はユダヤ人側にとり、ユダヤ社会の人的資源枯渇を招く脅威とみなされたからである。例えば一二三六年、ノーザンプトンの某ユダヤ人夫妻が受洗し、「改宗者の家」に入所した際、夫妻の子供たちが地元ユダヤ人により連れ去られる事件が起きた。この誘拐は子供らがキリスト教社会に取り込まれるのを阻止することで、残り少ない人的資源を守ろうとするユダヤ社会側の窮余の策と考えられる。

　とりわけユダヤ人側の感情を逆なでしたのはエドワード一世が一二八〇年に布告した人頭税《チエヴァージ》の徴収だ。目的は「改宗者の家」を維持し、入所者を養う費用の捻出だ。英王国内に住む一二歳以上の全てのユダヤ人に賦課される新税だった。後述するエドワード一世によるユダヤ人追放に先立つ一〇年間、英国ユダヤ人は、自分たちのもとを去り、キリスト教に鞍替えした「裏切り者」を扶養することを余儀なくされた。人頭税とそれで扶養される改宗ユダヤ人に怒りを抱いたことは想像にかたくない。

　一二九〇年のユダヤ人追放以後、当然のことながら、英国内には改宗予備軍がいなくなってしまった。追放以前の入所者とその子孫が死に絶えた後は、外国出身者が「改宗者の家」の主たる住人となった。改宗者に対する英国王の気前の良さについての情報は大陸各地で改宗希望者の耳に達しており、彼らは「改宗者の家」への入所を英国王へ直訴すべく英国に向けて密航したのだった。最大の出身地はスペイン。欧州最大のユダヤ人口を抱え、カトリック教会による迫害が強まり始めていたからだ。次はフランス。一三〇六年、フィリップ四世による追放以後、多くは東方に逃れたが、英国に活路を求める者もいた。

既に受洗した身でありながら、改宗志願者と偽わるちゃっかり者もいた。安楽な暮らしを求めての嘘だった。けれど歳月が過ぎ、かつてヘンリ三世と息子のエドワード一世が主導した改宗者獲得の情熱が衰えるにつれ、「改宗者の家」は改宗ユダヤ人に新たな信仰を教える宗教施設という当初の使命を残しながらも、その実態を「自立できぬ、あるいはしたくない改宗者の子孫のための救貧院」へと変えてゆくのであった。（＊10）

貨幣盗削

困窮ユダヤ人によるもうひとつの生き残り戦術が貨幣盗削だった。それは銀貨の縁を削り取る犯罪行為だ（金貨はほとんど流通していなかった）。打刻製のため形状が不ぞろいで、縁にギザギザがつけられていない当時の銀貨に対して、盗削は頻繁に行なわれていた。盗削した銀片は足がつかぬようルツボで溶かし、塊にして銀細工師に転売された。目減りした銀貨は市場で買い物をする際、そしらぬ顔で使ってしまえばよい。受け取る側が天秤《てんびん》で重さを量らぬ限り発覚の恐れは少なかった。

貨幣盗削は当時のあらゆる経済問題の中で最も厄介なものだった。目減りし価値が下落した銀貨が大量に流通したため、インフレが増大したからだ。一三世紀英国の著名な年代記作者マシュー・パリスが「ユダヤ人は悪名高い貨幣盗削者である」と述べたように、世論はユダヤ人こそがこの犯罪の中心勢力だと信じた。ユダヤ社会に貨幣盗削が蔓延していることに対して、ユダヤ社会の指導者も大いに憂慮し、これに介入する決定を下した。

オックスフォードのダビデ（女金貸しリコリシアの再婚相手）と他三人の指導者は一二三八年、ユダヤ人財務府を統轄する二人の「裁判官」と共に実態調査に乗り出した。放置すれば反ユダヤ感情を激化させる恐れがあったからだ。国王政府も度々、布告を発した。全臣民に対し目減りした貨幣の受け取りを拒否し、使用を禁じる命令であった。

抜本的な対応策は一二四七年、ヘンリ三世による新銀貨「ロングクロス・ペニー」の鋳造だった。従来の「ショートクロス・ペニー」と異なり十字架の図柄が貨幣裏面の外縁ぎりぎりまで広がっているため、縁を削れば十字架が短くなるので、視覚的に識別しやすくなるというのが改鋳の狙いであった。同年、貨幣盗削で有罪判決を下されたユダヤ人は僅か八人。刑も軽かった。追放刑に処せられた者もいたが大半は罰金刑だった。

状況を一変させたのは一二七五年、エドワード一世による「ユダヤ人社会の制定法」発布だった。商工農業への従事を許す一方で、土地を抵当とする金融活動を禁止するこの法律が制定された背景には、ユダヤ人金融の主たる被害者で同時に国王の支持基盤でもある騎士・郷紳層の不満を解消する狙いがあったと思われる。以後、ユダヤ人金融は土地ではなく収穫後の穀物や羊毛を担保とし、それらを生産する一般農民相手の小口金貸しへとシフトしていったと考えられる。けれど貸付金額自体が少ないこの融資は以前の如く多額の儲けをもたらすものとはならなかった。結果、少なからぬユダヤ人が困窮化し、貨幣盗削に手を染めたと考えられる。

　これに対しエドワード一世は一二七六年末、頻発する貨幣盗削に対する告発を取り調べ、処罰を下すため審問官四人を任命し、下僚共々、各地へ派遣した。彼らの捜査により逮捕者が続出した。下された処罰は先王ヘンリ三世のそれより重く、死罪を含む厳罰へと変化した。ベリ・セント・エドマンズ修道院の年代記作者は一二七八年一一月、全英で六〇〇人のユダヤ人が貨幣盗削の容疑で突然逮捕され、家《や》捜《さが》しを受け、身柄を拘束されたと伝えている。この記述を中世史家Ｈ・Ｇ・リチャードソンは誇張と一蹴したが、後進のユダヤ史家Ｚ・Ｅ・ローキアは、「六〇〇人のユダヤ人をロンドン塔に拘束する任務に就いた三〇人の治安係官に手当が支給された」とする史料を突きとめ、大量逮捕が事実だったことを明らかにした。

　上述の年代記作者は一二七九年、貨幣盗削で有罪宣告を受けた全てのユダヤ人が絞首刑に処せられたと述べ、その数はロンドンだけで二六七人に及んだと伝えている。リチャードソンはこの数字は風評に依拠するもので信憑性に乏しいとしりぞけた。けれどローキアはロンドンの州長官が二六九人のユダヤ人を絞首刑に処した際、特別手当を受給した事実を示す史料を探し当て、年代記作者の記述の信憑性を立証したのであった。当時の英国ユダヤ人口は三〇〇〇人と推定されるため、ロンドンだけでその九％が処刑されたことになる。かなりの割合でユダヤ人が貨幣盗削に手を染めていたと推察できる。刑死者の遺族に対しては情け容赦ない罰金刑が科され、少なくとも一万六五〇〇ポンドの臨時収入をエドワード一世にもたらした。彼はこの金を原資に一二七九‐八一年、第二次貨幣改鋳を行なうのだ。

けれどこの改鋳はエドワード一世が抱える通貨問題を解決できなかった。処刑でおおむね姿を消したユダヤ人の貨幣盗削犯に代わり、フランドル商人たちとの果てしない戦いが始まるからだ。フランドル商人たちは新貨の品位の高さと目減りしていない重量に目をつけ、国外への持ち出しと転売を繰り返し、代わりに品位の劣る新貨の偽物をこしらえ英国へ持ち込んだ。フランドル商人が惹起した通貨危機の結果、一二八三年、英貨の国外持ち出しは禁止されるに至ったのだ。（＊11）

エドワード一世のユダヤ人追放

一二九〇年七月一八日、国王エドワード一世は英国から全てのユダヤ人を追放する命令を下した。一一月一日の万聖節を最終出国期限とし、従わぬ者を極刑に処すよう命じた。この追放令は実効力を持ったはずだ。なぜなら追放令が何度も繰り返されたフランスと異なり、英国では一二九〇年のそれ一回きりだったからだ。これが意味するところは何か。

一二九〇年の追放令以後も、ユダヤ人がまとまって英国に留まり続けたことはあり得ないということだ。出国ユダヤ人が持ち出せたものは携行可能な現金と動産だけだ。富の大半を占めた未回収債権（借金証文）と抵当不動産は全て国王が没収した。道中、何人《なんぴと》もユダヤ人に危害を加えることは禁じられ、五港市（ドーヴァーなど、英東南部にある英仏海峡往来の五つの港町）の知事は出国者の安全確保と迅速な輸送を命じられた。国王政府は出国ユダヤ人の道中の安全に配慮したが、悪人共の餌食となる不運な者もいた。ノーフォーク州の港、バーナムから出国した一団は沖合で命と持ち物が奪われたことを史料は示している。ケント州ロチェスターの修道院で、一四世紀初めに執筆された年代記の余白に描かれた絵（第一章トビラ）は、作者の想像かもしれないが、一二九〇年の夏に起きた何らかの出来事を反映しているのではないだろうか。棍棒を持ったひとりの男により英国から追い立てられる三人のユダヤ人の姿だ。二人は胸に「律法の石板《ストーンタブレット》」を象《かたど》ったユダヤ人バッジを着けている。画面中央のひとりは我が身を守ろうと片手をあげているのだ。

出国の模様については断片的な情報しか伝わっていないが、一四六一人からなる最大の出国者集団については史料が残っている。彼らはロンドン塔近くに集合し、城代の監督のもと乗船した。ひとり四ペンスの出国手数料を城代に払っているが、貧しい一二六人については半額が免除されていた。一行はロンドンを出港した後、北仏ブーローニュ伯領の港町ウィサンに到着した。これは英仏海峡往来の典型的ルートであった。他の出国者も目的地はカレーとブーローニュの間の北仏海岸であった。移住先はパリが多かった。一三世紀末、パリのユダヤ人口一〇〇〇人の内、二〇％が英国出身の難民だったという推定もある。

彼らはパリ市内のふたつの地区、ラ・リュ・ヌーヴとラ・トラシュリに集住した。南仏に到着した難民も確認される。「英国ユダヤ人モーゼス」がマノスク在住のユダヤ人女性が所有する証文を騙し取った容疑で起訴される事件が、一三一一年に発生している。遠くはスペイン、サボイ公国へ移住した者さえ知られている。

エドワード一世が追放令を発した理由は、貨幣盗削の悪弊一掃、ユダヤ人側の担税能力低下など諸説ある。筆者が重視するのはエドワード一世にとり最も重要な支持基盤、騎士・郷紳層の不満を解消するためだったという説だ。彼らこそユダヤ人金融の主要債務者であり、最大の被害者だったからだ。返済不能に陥った彼らから取り上げた抵当不動産をユダヤ人金貸しが大諸侯・修道院に転売し続けたことも、国王にとり黙視できぬ事態だった。大諸侯の力を減殺し、騎士層出身の官僚を手足の如く操り、中央集権的封建王政の確立を目指すエドワードの政策を阻害するものだったからだ。

エドワード一世は各州を代表する騎士たちに対して一二九〇年七月一五日、ウェストミンスターで開催される英国議会《パーラメント》（英下院の起源）に出席するよう六月に召喚状を送っている。七月一五日と言えばエドワード一世が追放令を発する三日前なので、これはおそらく追放についての意見を騎士たちから国王がすくいあげる機会となったはずだ。そして国王は追放実施の同意をとりつけることができたと推測できるのだ。

　ここに中世英国ユダヤ社会はその幕を閉じる。しかし英国を追われたユダヤ人たちは大陸の同胞の中に融け込み、彼らと共に新たな苦難の道を歩み始める。彼らの子孫のある者は幾多の迫害、追放に耐え、再びかの地を踏みしめたことであろう。（＊12）

第二章 近世

――再入国《リアドミッション》と独自のビジネス展開

再入国を求めクロムウェルに
嘆願するマナセ・ベン・イスラエル
〈英国ユダヤ人の画家ソロモン・ハートの銅版画〉
出典：Harold Pollins,
Economic History of the Jews in England
(Associated University Presses 1982)

再入国の立役者

　英国ユダヤ史の画期、再入国《リアドミッション》は一六五六年に実現した。エドワード一世によるユダヤ人追放から実に三六六年ぶりのユダヤ人の英国帰還だった。再入国が中世ではなくなぜ一七世紀に実現したのか。理由の第一は宗教改革以後、プロテスタントとなった英国人の宗教的敵意がカトリックに向けられるようになったことだ。つまりユダヤ人は最早「第一の敵」とみなされなくなったということだ。第二は一七世紀英国で影響力を持つようになったピューリタンたちが、ユダヤ人を特別な称賛の対象にし始めたからだ。これについては後に述べよう。

　再入国の立役者は二人いる。アムステルダムのユダヤ教導師、マナセ・ベン・イスラエルと共和制英国の最高権力者クロムウェルだ。

　マナセは「国際法の父」グロチウス、哲学者スピノザ、画家レンブラントと親交があったことからも一七世紀オランダの知の世界で重きをなした人物ということが分かる。彼を「ユダヤ人の英国帰還」へと駆り立てた原動力は、アムステルダム・ユダヤ社会の難民問題解決という現実的必要性だけではない。ユダヤ教神秘主義への傾倒ゆえに、『旧約聖書』にしるされた預言の解釈に没頭し到達した宗教的確信も原動力となった。それは聖地パレスチナを再びユダヤ人が取り戻すためには、地球上のあらゆる僻遠の地までユダヤ人が拡散・定住せねばならぬという宗教的確信だった。現代人にとっては荒唐無稽な珍説だが、一七世紀ユダヤ世界では学知を結集した学問的成果に他ならなかった。この説が広まる中、南米エクアドルで「失われた十部族」の末裔《まつえい》とおぼしき「ユダヤ教の儀式を実践する先住民」と自分は接触したとマナセに語るユダヤ人探険家も現われ、期待は一挙に盛りあがった。

「古代イスラエル人の末裔は、既に新大陸にまで到達しているようだ。だとすれば聖地回復を加速させるためには、欧州に残る最後のユダヤ人空白地帯を放置してはならない」。そう考えたマナセは早速、ユダヤ人をいまだ受け入れていない北欧スウェーデンの女王クリスチナに働きかけ入国許可を求めた。けれど主要な関心は、アムステルダムにほど近く経済規模ゆえにはるかに魅力的な英国に向けられたのだ。マナセはユダヤ人の英国帰還を求める請願をクロムウエルに提出するため、一六五五年末、渡英の許可を得て赴いたのである。マナセには勝算があった。

　なぜなら当時の英国では、政治権力を握ったピューリタンの間で、マナセたちの考えとぴったり波長が合う神学思想が流行していたからだ。ピューリタンたちは『旧約聖書』の預言にもとづく独自の年代算定により、一六五六年頃、救世主の降臨が起きると信じていた。そして「申命記」二八章六四節にしるされた「地の果て」までのユダヤ人拡散を実現することが「降臨」の前提条件と考え、英国こそ最後に残された「地の果て」とみなしていたのだ。

自身も熱心なピューリタンで、この教説を信じるクロムウェルは、再入国実現を期待して一六五五年一二月、旧王宮に軍、司法、商業界の代表と神学者を集め意見を聞く国策会議を召集した。会議の流れはクロムウェルの予想に反し反対意見が強かった。外国貿易の既得権益を握るシティ商人たちが、ユダヤ商人の競争力を必要以上に恐れ反対したからだ。このまま会議を続ければユダヤ人側に不利な条件での再入国が勧告されてしまう。そう判断したクロムウェルは、問題を先送りするため会議を解散する奇策に出た。

事態を突然の解決に導いたのはスペインとの戦争勃発（一六五五年秋）の余波、一六五六年三月、英国政府が下した在英スペイン臣民に対する財産没収命令だ。この時、これまでカトリック教徒のスペイン人を装ってロンドンに潜伏していた隠れユダヤ教徒の一団が、自分たちはポルトガル出身のユダヤ教徒だと名乗りをあげてきた。「スペイン人＝敵性外国人」という理由で財産没収の瀬戸際に立たされたからだ。同月彼らはユダヤ人の定住許可を求めクロムウェルに請願書を提出。筆頭署名者は隠れユダヤ教徒と気脈を通じるマナセだった。

注目すべきは、この請願にクロムウェルが何ら返事をしなかったことだ。この請願に対処するためにはまた厄介な国策会議を召集せねばならないし、そこでの反対意見も予想されたからだ。隠れユダヤ教徒側に動揺はなかった。返事がなかったことを、請願に対するクロムウェルによる「非公式の同意」と解釈する洞察力を持ち合わせていたからだ。次に彼らが採った戦術は巧妙だった。クロムウェルが会議に諮らず自分の権限で判断を下せる、一見瑣末な願いを提出したのだ。ロンドン市、街はずれの共同墓地取得と礼拝用に一室を借り受ける許可を求め、こちらの方は無事受理され許可を得た。これこそ彼らの思うツボだった。なぜなら共同墓地と礼拝所の使用を許すことは定住を許したも同然だからだ。かくしてこの許可は「事実上の定住・再入国許可」となった。クロムウェルは反対勢力の注目を回避しながら、暗黙裏に「定住・再入国」許可を得ようとするユダヤ人側の戦術に呼応したと言えよう。この時の許可により、ユダヤ人たちは今日に至るまで自由に英国に居住できるようになったわけだ。

以上のように、マナセはユダヤ人再入国の公式許可獲得に成功したわけではなかった。けれど彼が始めたキャンペーン活動の中から「事実上の再入国」が実現した。つまりユダヤ教礼拝を自由に催す許可をとりつけたことは、定住許可と実質的に同じ効果をもたらした。この許可は今日に至るまで取り消されることはなかった。クロムウェルはマナセの労をねぎらうため、年一〇〇ポンドの終身年金を与えた。クロムウェルがユダヤ人に示した好意的態度があまりに明白だったため、ユダヤ人たちは彼を「救世主」と称えたほどであった。(*13)

クロムウェルのユダヤ諜報団

クロムウェルにより父親チャールズ一世を斬首された息子（後のチャールズ二世）は、亡命先のフランドル地方で王朝復活の画策を巡らしていた。動向を探るためクロムウェルが用いたのが、シークレットサービスを本業とする外交官たちだ。その中では英首相官邸所在地ダウニング街の語源となったダウニング卿が有名だ。しかし汚れ仕事が苦手なエリート外交官が集めてくる情報には限界があった。

そこで重用されたのがユダヤ諜報団だ。統括したのは、クロムウェルの腹心で「ユダヤの友」と綽名《あだな》された国務大臣ジョン・サーローだ。彼を介してクロムウェルが諜報団を上手に操縦していた事実は、次の同時代史料からも明らかだ。「欧州大陸との交流を持つがゆえに有能な密偵であるユダヤ人をクロムウェルはうまく利用している。英国在住の彼らの元締めに対し時宜にかなった報奨金を与えることで彼らを手懐けているのだ」

元締めの名はアントニオ・カルバハル。大陸に亡命した英王党派とそれを助ける外国勢力（とりわけスペイン）の動向について、信頼に値する情報を提供し続けた人物だ。これによりクロムウェルは、敵対勢力による共和制転覆の陰謀を未然に防げたのだ。カルバハルの強みは、表稼業の外国貿易を営む必要上、欧州主要都市に身内を駐在させ、平素より情報連絡網を整備していた点だ。これが裏稼業での情報収集活動に威力を発揮した。

彼にまつわる手柄話は、一六五七年、工作員集団を英国に送り込む王党派の陰謀を察知・通報した一件だ。クロムウェルはフリゲート艦を差し向け、フランドル地方のオスタンド港に停泊中の件《くだん》の船を拿捕《だほ》したのである。破壊工作により共和制に揺さぶりをかけようとする王党派の目論見を潰した。配下の密偵たちも大手柄を立てている。フランドル地方に送り込まれたサマーズはその筆頭だ。英王党派の陣営近くに張り込み、傭兵の数と装備、英国へ運ぶ船の手配について、軍資金の額、主な支援者の名、チャールズ二世とスペイン国王との間柄、訪ねてきた外国要人の名、英国へ送り込んだスパイの名等を報告している。いずれもクロムウェル政権がぜひとも知りたい情報ばかりだ。密偵の張り込み、聞き込みだけで得られる情報ではない。この地の主要都市で大店を構えるユダヤ商人からの情報提供によっても助けられていたのだ。

クロムウェル自身が直接密偵と接触していたことを示す興味深い逸話も伝わっている。それは彼が知人のオレリー伯と連れ立ち、旧王宮の廊下を歩いていた時のこと。物乞いのような身なりの男が突然現われたのだ。クロムウェルは伯と別れ、男を私室に招き入れた。

男が言うには、フランドル地方に進駐するスペイン軍人に支払われる多額の給与がオランダ船に積まれ、近日、英仏海峡を通過するとのことだった。クロムウェルは海峡警備の役人に急使を送り、当該船舶の洋上での拿捕と金貨没収を命じた。作戦は成功しスペイン軍の士気を下げる結果となった。後日、伯はクロムウェルから、あのみすぼらしい男こそユダヤの密偵だったと真相を知らされた。

クロムウェルがユダヤ諜報団の働きを高く評価していたことは、元締めに与えた数々の特別待遇からも明白だ。カルバハル一家は他の在英ユダヤ教徒に先んじて英国籍を与えられている。英国ユダヤ史上初の国籍取得者となった。また英・スペインが既に交戦状態にあった一六五六年、カルバハルがスペイン領カナリア諸島に残してきた財産をスペイン当局が没収しようとした時、クロムウェルは外交ルートを用いて中立国船舶による財産運び出しに尽力してくれた。英国の最高権力者はカルバハルの私的事柄についても助力を惜しまなかったのだ。

　このような特別待遇と報酬だけがユダヤ諜報団のクロムウェルに対する忠誠心の拠《よ》り所となったわけではない。先述したように、ユダヤ人にとりクロムウェルは大恩人だった。一二九〇年の追放令により、長らく英国から法的に追放状態に置かれていたユダヤ人。この状態を改め、再入国を実現してくれたのがクロムウェルだった。諜報活動での奉仕はその返礼だったというわけだ。（＊14）

無敵艦隊来襲情報の通報者、ヌネス

　ユダヤ人による諜報活動の源流を探るため、次に我々は「再入国」の七〇年前、エリザベス朝に遡ることにしよう。当時の英国は世界帝国スペインの軍事的脅威に怯える「二流どころの国」であった。それゆえ、エリザベス女王の側近、国務大臣のウォルシンガムは、スペインの動向を探るべく諜報網を組織しみずから統括したのだった。配下で働く密偵たちの多くは、カトリック・スペインの宗教迫害から逃れてきたイベリア半島出身の亡命ユダヤ系だった。

エリザベス朝の英国には、ポルトガルから亡命してきた一〇〇人ほどの裕福な隠れユダヤ教徒の一団がコロニーを築いていた。英国の宗教的寛容さと経済的繁栄に惹かれて来住したのである。法的にはユダヤ人の英国居住は許されていなかったのだが、隠れユダヤ教徒たちは告発を恐れて正体を隠す必要はなかった。国益にかなう人物であれば、官憲当局がその存在を黙認したばかりでなく、政府要人たちも彼らの正体を知りながら親しい交際を求めた。彼らが、その本業、外国貿易で培ったネットワークを利用させてもらおうと目論んでいたからである。隠れユダヤ教徒たちは、自分たちが英国で「望まれた存在」であるということを知っていたがゆえに、恐らく「居心地の良さ」を感じていたはずである。当時、『ヴェニスの商人』の執筆を構想していた作家シェークスピアが彼らの一部と接触していたとしても、それは全くあり得ぬ話でもないわけだ。

彼らはカトリック・スペインの宗教迫害に苦しめられてきたがゆえに、また母国ポルトガルをスペインが併合してしまったがゆえに、スペインを強く憎む人々であった。それゆえ、ウォルシンガムとその上司、大蔵卿ウィリアム・セシルの密偵となり働いた。そうしたポルトガル出身の隠れユダヤ教徒のリーダーがエクトール・ヌネスであった。「事実上の首相」としてエリザベス朝英国を偉大ならしめた功労者セシルは、当初、和戦両様の構えでスペインとの和平交渉を秘かに進めていた。この交渉をスペイン側がどう考えているのか。その本音を探るためにヌネスの同族ネットワークを諜報網として活用したのである。

ロンドンからスペイン領フランドルを経由して、イベリア半島、イスタンブルまで連なるヌネスの同族ネットワークは情報収集源として大層役立ち、有益な情報をセシルのもとに送ってきた。ヌネス側が払った代償も少なくなかった。情報収集のためマドリードに送り込んだ義弟の素姓がスペイン官憲に発覚し、殺されてしまう悲劇も起きている。功労に報いるためセシルは、ヌネスとその一族に数多くの貿易上の優遇措置を与えている。

ヌネスにまつわる最大の手柄話は「無敵艦隊、来襲間近」の緊急情報を誰よりも先に英国の国務大臣ウォルシンガムに知らせた一件であろう。一五八八年五月初め、ヌネスは友人宅の晩餐会に出席していたが、ロンドンの船着き場に到着したばかりの自分の船からもたらされた書状の内容に驚き、すぐさま退席して、持病の関節炎の脚を引きずりながらウォルシンガム邸に駆け込んだ。書面にはスペイン無敵艦隊司令長官メディナ・シドニア公爵がリスボン港に到着し、大規模なパレードを催したこと、リスボン港には軍船、兵員、軍需品があふれかえっていることがしるされていた。この文面から、ウォルシンガムとセシルはスペイン無敵艦隊の英国来襲が間近いことを察知し、周到な準備のもと迎撃態勢を整え、大勝することができたのである。隠れユダヤ教徒ヌネスがもたらした情報はエリザベス朝英国の興廃を左右したと言っても過言ではない。諜報分野におけるユダヤ・パワーが世界史に影響を及ぼした事例のひとつと言えよう。

さて無敵艦隊撃滅以後、皮肉なことにロンドンの隠れユダヤ教徒コロニーは衰退してゆく。スペインとの和平交渉を望まぬエセックス伯を頭目とする主戦派の勢いが増したからだ。スペインとの和平交渉に必要な情報収集力で最も力を発揮した隠れユダヤ教徒たちの出番が減ってしまったため、彼らの一部はオスマン帝国へ移住し、宮廷のブレーンとして活躍する。(*15)

戦略物資、銅の画期的精錬法を紹介

エリザベス朝英国でコロニーを形成したポルトガル出身の隠れユダヤ教徒については既に述べたところだが、個人レベルで活躍した興味深い人物を次に紹介しよう。プラハ生まれの選鉱・精錬技師ヨアヒム・ガウンスだ。鉱業の先進地域南独で修業を積んだ後、彼は純銅の抽出法を英王立鉱山会社に指導するよう、一五八一年、国務大臣ウォルシンガムに招かれたのだ。

技術指導にあたった八年間、彼はユダヤ人としての素姓を明らかにして生活していた。けれど当局が彼を取締ることはなかった。英国の冶金・精錬業の発展にガウンスが果たした功績の大きさを政府関係者は熟知していたのだ。国益にかない宗教秩序を脅かさぬ人物である限り隠れユダヤ教徒はその存在を黙認されたのである。黙認姿勢は英国に止まらず、一六世紀末、北西欧の国際商業都市アムステルダム、ハンブルクにおいても共通して見られた現象だった。宗教の違いで争わず、実利を尊ぶ「資本主義精神」がいち早く芽生えた地域だ。

彼の功績とは、従来よりはるかに短い時間で、かつ安価な費用で銅鉱石から純銅を抽出する画期的精錬法の紹介だった。とりわけ硫酸塩を用いて銅から鉄を分離する技法はガウンスが発明したと言われる。銅は戦略上の最重要物資だった。無敵艦隊と戦った英国船に搭載された大砲の砲身は、鉄ではなく銅で鋳造されたものだからだ。他にも基幹産業である羊毛生産に必要な繊維をほぐす羊毛すきにも用いられた。

ガウンスは北英カンバーランドと南ウェールズの間を行き来し指導にあたった。多くの技師が彼の教えに感銘を受け来訪を心待ちにしていた。一五八六年三月、南ウェールズの某技師長は「我々一同、日夜ガウンスの到着を待ち望んでいる」としるしたほどだ。鉱物資源探索でも重用された。一五八五年、エリザベス女王の寵臣ローリー卿の求めに応じ北米ヴァージニア探険隊にも参加し、鉱床試掘の責任を担った。彼は英領北米植民地に足跡を残した最初のユダヤ人となった。

ガウンスの八面六臂《はちめんろつぴ》の活躍にまつわる記憶は、英国エリート層の間で数十年間消え去ることはなかった。その証拠にフランシス・ベーコンは、一六二七年に刊行したユートピア文学『ニューアトランティス』の中でジョアビンというユダヤ人を登場させたが、そのモデルがヨアヒム・ガウンスであったと言われている。『ニューアトランティス』は、シェークスピアやマーロウのようなエリザベス朝の大作家たちが迎合した、庶民レベルの反ユダヤ感情に対する異議申し立ての役割を果たした作品だ。太平洋上の架空の島に辿り着いた主人公が、賢明で世に有益なユダヤ人科学者ジョアビンと知り合うことで幸運を手に入れる物語だ。

著者ベーコンとガウンスを結ぶ接点は銅であったと、社会史研究者L・ホイヤーは指摘する。哲学者、政治家と多彩な顔を持つベーコンは、銅の採掘についても深い造詣の持ち主だった。またベーコンの伯父・後援者のバーレイ卿は王立鉱山会社の大株主で、個人的にもガウンスを知っていた。さらに上述のウォルシンガムもベーコンのパトロンだった。恐らくこの両者から、ベーコンは卓越した技術者ガウンスについて情報を得ていたとホイヤーは推測するのであった。

ガウンスの栄光の日々は思いがけぬ幕引きを迎える。それはブリストル滞在中、地元聖職者がヘブライ語の教えを乞いにやってきたことから始まる。あろうことかガウンスは、彼に宗教論争を挑んでしまったのだ。「望まれた者」として英国での居心地の良い生活に慣れてしまい、ついはめをはずしてしまったのだろう。これが墓穴を掘る結果となった。論争の中で彼が発したひと言「神は唯一の存在であり、子などあろうはずはない。全能の神が息子を持つ必要などないではないか」は、「神の子イエス」の神性を否定するゆゆしき発言だ。キリスト教国家の宗教秩序を揺るがしかねないこの発言を、ブリストルの官憲当局も無視するわけにはいかない。

一五八九年、ガウンスは神聖冒瀆の咎《とが》で逮捕された。ガウンスは王立鉱山会社の重要人物であったため、身柄はロンドンに送られ枢密院で裁きを受けることになった。しかし判決記録は残っていない。恐らくガウンスを招聘したウォルシンガムが、我が身に火の粉がふりかかることを恐れ国務大臣の地位を利用して記録を削除させたのであろうと、ユダヤ史家のE・N・アドラーは推測する。あるいは枢密院メンバーの多くがウォルシンガムと同様、王立鉱山会社の大株主であったため、スタープレーヤーのスキャンダルによる株価下落を防ぐため、何ら公式な判決を下さなかったと考える研究者もいる。結局、うやむやにされ、一五九〇年、国外退去処分で決着した。国益にとり極めて重要な人物だったが、ガウンスが犯した神聖冒瀆の罪状は、英国政府首脳といえどかばいきれぬものだった。（＊16）

チリ征服計画を進言したカセーレス

ガウンスは英国の世界戦略の一局面、北米探険に参加した。一方、南米に目を向けると、スペイン領チリへの英海軍侵攻作戦を進言した戦略家がいた。この興味深い人物を紹介するため我々は再びクロムウェルの時代に戻るとしよう。

ピューリタン革命を指導し英国の最高権力者となったクロムウェルは、かつての敬虔《けいけん》な軍人から「最初の帝国主義者」と呼ばれるまでに変身を遂げていた。彼は、「斜陽の列強」スペインが新大陸と西インド諸島に領有する植民地を奪取する、壮大な「西方計画」を対外政策の柱とした。その実現には、古くからかの地に同胞を送り込み、緊密な同族ネットワークを築いていた、セファルディと呼ばれるイベリア半島出身のユダヤ集団の協力が必要だった。

「西方計画」の嚆矢《こうし》となる英軍によるスペイン領ジャマイカ島の攻略（一六五五－六〇）。この時、クロムウェルの求めに応じ、新たな祖国イギリスのため戦略上、貴重な進言を行なったのが、セファルディ商人シモン・ド・カセーレスだ。西インド諸島在住経験があり、兄弟たちを現地に駐在させているので事情に明るかった。協力理由は権力者に取り入るためだけではない。ユダヤの誇りを強く抱くカセーレスは、同胞に対するスペインの暴虐に復讐の鉄槌《てっつい》を加えたかった。スペインは隠れユダヤ教徒を摘発し、財産を没収するために異端審問を繰り返していたからだ。「ユダ族の末裔」を自称する彼は、スペイン人を「異端審問の犬」と呼ぶほど憎んでいたのだ。

　クロムウェルに対する進言とは、奪還を目論むスペインからジャマイカ島を防衛するための要塞構築計画だった。場所は島の西端サヴァナだ。石材、煉瓦を用いての要塞化には数学に明るい技師が必要なので、二〇〇人の石工、煉瓦積み職人の他に数人の技師を派遣し、彼らは築城の大家ヒューズ大佐の命に従うこと。道具、資材の数量も明記されている。現地守備隊が必要とする軍需品補給の方法、必要な医薬品の調達について、現地の軍医と連絡を交わし指示している。クロムウェルは上述の内容を現地の駐屯軍司令官に伝え、実行させたのであった。

カセーレスによる進言の第二は、スペイン領チリの征服計画だ。注目すべきは、主力の遠征英国人部隊に協力するユダヤ歩兵一個中隊の募兵と現地での指揮をカセーレス自身が行ない、併せて英国人部隊長を補佐すると約束している点だ。募兵対象は「スペイン憎し」の念が強いセファルディの若者たちだ。実現すれば、古代ローマ時代以来絶えて久しい「ユダヤ人だけで編成された部隊」の一五〇〇年ぶりの復活となるはずであった。このような発案がなされたこと自体、当時の英国でユダヤびいきの風潮が存在していたことを示していると言えよう。当時の欧州では「名誉なき民」ユダヤ人の軍人登用を許す国はどこにもなかったからだ。

数あるスペイン領の中からチリを選んだ理由は、未採掘の鉱物資源があり、しかも防備が手薄で奪取が容易だったからだ。北上すればペルーやボリビア産の銀を陸路パナマ地峡を越え大西洋を渡って本国へ運ぶルートを脅かすこともできる。さらにチリ沿岸に英海軍の拠点を築けば、中南米とフィリピンを結ぶスペインのガレオン船交易に打撃を与え、太平洋の海上支配権にも食い込めると考えたのだ。

カセーレスは目的実現のために、陸兵一〇〇〇人と軍需品を運ぶ輸送船四隻、護衛のフリゲート艦四隻の手配をクロムウェルに求めた。兵を上陸させた後、フリゲート艦隊は太平洋上でのスペイン船襲撃を開始する予定だ。上陸地点となるチリ中部のモチャ島は天然の良港に恵まれ、周辺からは随分前にスペイン軍は撤退している。食料を提供してくれる友好的先住民もいる。ここに後方支援の砦《とりで》を築き、スペイン勢力駆逐に乗り出すという計画だった。

クロムウェルがこの計画を熟慮したことだけは間違いない。しかし実現には至らなかった。チリはあまりに遠く、拠点構築後の維持は容易でないと判断したのだろう。限られた兵力を英国に比較的近い西インド諸島方面に集中的に投入する策を、クロムウェルは選んだ。

ユダヤ人が職業軍人の世界から排除されていた中世・近世。軍事戦略に深い造詣を持つユダヤ人は稀有《けう》な存在だったはずだ。そうした中、英国の最高権力者から軍事戦略上の進言を求められたユダヤ人が存在したという事実は大変興味深い。カセーレスのような人材を輩出した一七世紀セファルディ世界には、冒険精神が漲《みなぎ》っていたのである。（＊17）

英、インド進出の先導者

今日の在米ユダヤ社会では、二大政党いずれが勝っても自分たちの主張に耳を傾けてもらえるようなリスクヘッジ体制が機能している。ある者は共和党支持、他の者は民主党支持と、仲間内の役割分担がみごとになされているからだ。

こうした合意形成が再入国期英国ユダヤ社会に存在していたことを示す史料は、未確認である。けれど実態としてはみごとにリスクヘッジがなされていたと言わざるを得ない。つまりクロムウェルに肩入れするユダヤ人だけでなく、彼の宿敵チャールズ二世に肩入れするユダヤ人も大勢いた。だからこそ王政復古後も好遇されたのだ。彼らの中で最も有名なオーガスティン・チャコンを紹介しよう。

ポルトガル出身のセファルディ、チャコンは、共和制下のロンドンに来住した。貿易業を営みながら亡命中のチャールズ二世のために活動資金を送り続け、また王党派の密偵として共和国政府の動向を伝えた。両者は君臣の間柄を超えた親しい関係にあった。念願かない一六六〇年、チャールズ二世が王座返り咲きを果たすと、チャコンは金欠病の同王のために極めて魅力的な縁組を立案した。相手はポルトガル王女ブラガンザのカタリーナだ。この縁談はチャールズ二世のお気に入りモンク将軍を介して伝えてもらったことで順調に進み、王宮内でのチャコンの立場もにわかに高まった。

ポルトガルは当時、強国スペイン・オランダと交戦状態にあった。またスペインからの独立要求に対して、欧州主要国の大半が承認を拒んでいた。この孤立状態を脱するために英国との同盟を必要としていたのだ。縁組成立の条件として批准《ひじゅん》された、英・ポルトガル間の条約の内容を次にみてみよう。

「ポルトガルに対する速やかな軍事援助を行ない同国の海外貿易ルートを英国海軍が保護すること。みかえりに英国はポルトガル領植民地と自由に貿易する権利を得ること。
ポルトガル領植民地ボンベイとタンジール（ジブラルタル海峡の要衝）を英国に割譲すること。王女には持参金として英貨換算で七〇万ポンドを持たせること」

一読すれば、英・ポルトガル双方に大きな利益をもたらすものであったことが分かる。以上を条件とするこの縁組は、両国の国益実現だけを企図したものではなかった。ポルトガル本国と移住先のロンドンで緊密な連携を保つセファルディ貿易商人団の総意のもと、彼らの商業利得実現のためにも立案されたと、英国ユダヤ史家Ｄ・ティラーは解釈している。同じく近世英国ユダヤ史の泰斗、Ｅ・サミュエル教授も、この縁組はロンドン在住のセファルディが主導権を握っていたと述べている。実際、一六六二年四月に英国に輿入れしてきた王女一行の随員の中には、リスボンの大貿易商ドゥアルテ・ダ・シルヴァを筆頭に少なからぬポルトガル出身のセファルディが含まれていたのだ。

シルヴァは英国に残り、王女の持参金を管理する大役を担う。そしてシルヴァとチャコンは、深い絆で結ばれた長年来のビジネス・パートナーであった。彼らセファルディの貿易商は、この結婚と英・ポルトガル同盟成立により多大な利益を得た。第一に王女の婚資を英国へ運ぶ仕事を委ねられた彼らは、それに便乗してポルトガルにある自分たちの資金を怪しまれずにロンドンへ運ぶ好機を得たことである。次にポルトガル領植民地ブラジルとの彼らの貿易事業がこの後、英国海軍により保護されるようになった点だ。そして何より重要なことは、本格的インド進出の拠点を得た点であろう。ユダヤ史の枠を越えて世界史全体で見た場合、チャコンとそのユダヤ人仲間が画策したポルトガル王女と英国王との縁組は、後の大英帝国へと発展してゆく英国のインド進出の足がかりをもたらした点で極めて重要なものだったことも指摘しておきたい。（＊18）

ユダヤ系兵站の黄金時代

本章末の表2（九三ページ）をご覧いただこう。

近世の時代区分の箇所に、兵站《へいたん》という専門用語が登場している。兵站とは、戦闘部隊のために軍需品の補給を担当する軍の後方支援集団だ。この兵站こそ、近世欧州のユダヤ世界で最重要の経済活動だった。当該テーマについては、欧米の学界でもほぼ未開拓の状態にある。それゆえ、英国のユダヤ系兵站に立ち入る前に、本家本元、墺独の兵站について少し詳しくみるとしよう。

全盛期は一七世紀後半から一八世紀初めだった。「打倒、墺ハプスブルク家」を旗印に欧州制覇を目論む仏王ルイ一四世の侵攻と、東方からのトルコ軍の猛攻を同時に食い止めねばならなかった墺独において、強い軍隊作りとそれを支える兵站の強化はとりわけ急務の課題となった。オーストリア皇帝レオポルト一世がユダヤ商人サミュエル・オッペンハイマーに墺独軍の兵站を委ねたのは、まさにこのような時代背景においてであった。

このオッペンハイマーこそ、「黄金時代」を代表する「ユダヤ系兵站総監」に他ならなかった。彼は職業軍人出身ではない。ユダヤ人が市民身分を獲得する近代以前、軍人への登用は法的に禁止されていたからだ。それゆえ、君主の超法規的措置により商人の中からふさわしい能力の持ち主が選ばれたということだ。ユダヤ人が選ばれた理由は、兵站業務が危険な汚れ仕事だったからだ。悪路や略奪だけではない。将軍たちが敗戦の責めを兵站に負わせたことも、この仕事の人気を下げた。「補給された弾薬が粗悪なため負けたのだ」という責任回避の言い訳が繰り返され、兵站総監は恰好のスケープゴートにされた。けれど中傷に慣れっこのユダヤ人はそんなことではへこたれない。悪評に打たれ強いのだ。

君主への協力姿勢もユダヤ人が登用された理由だ。絶対主義国家を目指す君主にとり、封建貴族や商人貴族の非協力的態度は悩みの種であった。一方、生まれと宗教により孤立を強いられてきたユダヤ人にとり、権力を拡大しつつあった君主は庇護《ひご》を求め、すり寄るべき相手であった。ユダヤ人こそ誰よりも君主に対して従順であったのだ。

とりわけ君主が期待した登用理由はユダヤ人の同族ネットワークだった。オッペンハイマーは一六七三－七九年の対仏戦でレオポルト一世によりライン方面派遣軍への軍需品補給を命じられたが、彼に物資を納入した業者のリストを調べると、圧倒的に親族とユダヤ人仲間から納品されたことが多いと分かる。欧州各地の商業都市に張り巡らされた同族ネットワークこそ、物資調達の切り札であった。例えば軍馬の飼料であれば、墺独より生産コストが安い大供給国ポーランドにおいて飼料の流通販売網を握る現地のユダヤ商人団との人脈がモノを言った。これによりキリスト教徒の兵站責任者がまねのできぬ安い仕入れ値で調達でき、さらに納期厳守で納品できたわけだ。

　常識破りの奇抜な発想もユダヤ系兵站の得意技だった。世に名高いオッペンハイマーの奇策とは一六八六年、トルコ軍に包囲されたブダペスト救援のために、ドナウ川を航行する川船の大船団を組織したことだ。陸路を遮断したトルコ軍も、墺軍の川船によるある程度の物資搬入作戦は予想していたが、よもやの大船団出現に対する備えはできていなかった。

　オッペンハイマーとその配下は、戦乱で発生したユダヤ難民救援と破壊されたユダヤ社会再建のために、惜しげもなく私財をなげうつ同胞の守護者でもあった。また負傷兵介護のための野戦病院設営にも尽力した。けれど「戦時利得者」という世間の悪評を変えることはできなかった。つかの間の平和が訪れ、兵站総監の存在意義が薄れると、宮廷内の政敵による失脚工作が度々企てられる。そして再び戦乱の気配が漂うと彼の存在は必要となり、追い落としの策謀は立ち消えとなるのだった。この繰り返しの中に身を置くユダヤ系兵站総監の地位は、極めて不安定なものだった。とはいえ彼らは、封建貴族による干渉・妨害から君主を解き放ち、絶対君主に成長させる上で歴史的に大きな役割を果たしたのである。（＊19）

英国ユダヤ系兵站の絶頂期

兵站はユダヤ人が定評ある専門家として認知されてきた特殊な分野だった。必要とされる物資を他国から迅速に調達するための同族ネットワークを、ユダヤ商人が構築していたからだ。英蘭のような経済的先進国では、土着のキリスト教徒商人の中にも兵站を担えるほどのネットワークの持ち主はいたが、敵方ばかりか時に友軍からの略奪もありうる多大な危険をはらんだこの仕事は敬遠された。一方、リスク志向が強いユダヤ人にとっては魅力的な出世のチャンスとみなされた。後述するソロモン・メディナは、ユダヤ教徒として英国史上、初のナイト（勲爵士）に叙せられている。

英軍事史上、ユダヤ系兵站が重要な役割を演じるのは名誉革命期からだ。名誉革命とは、英王ジェームズ二世の専横に反発した英議会派が、オランダ総督ウィレムを招き新英国王ウィリアム三世として擁立した、王位簒奪の軍事行動だ。主戦場はアイルランドだった。同地を拠点に先王ジェームズ二世が仏王の援助を受け、王座返り咲きを画策したからだ。こうして始まったアイルランド遠征において兵站総監に任ぜられたのが、ユダヤ人アイザック・ペレイラだ。ペレイラは英ブリストルから連れてきた二八人のパン焼き職人を指図して、現地に多くのパン焼き窯を作らせた。固くて不味《まず》い保存食ビスケットではなく、軟らかいパンを食べたい兵士たちの望みに応えたのだ。ウィリアム三世軍の兵士たちは、ペレイラの補給部隊到着を心待ちにしたそうだ。

　ペレイラの僚友で同じくユダヤ人のアントニオ・マチャードの働きも重要だ。ウィリアム三世の友軍としてフランドル方面に展開中のスペイン軍のために、兵站総監を務めたからだ。マチャードによる軍需品補給は仏軍に対するウィリアム三世の軍事的優位を確立する上で重要だったと、ハーグ駐在英国大使は報告している。

　英国ユダヤ系兵站の絶頂期はスペイン継承戦争（一七〇一－一四）だ。主役は前出のソロモン・メディナだ。彼は英主将マールバラ公（チャーチルの先祖）の下、兵站総監を務めた。オランダから独バイエルンへ至る欧州戦史上名高い長距離遠征を果たした公に随行し、二五〇台もの荷馬車隊で軍需品を補給し続けたのはメディナにまつわる手柄話だ。彼以前には、ラバの背に直接荷を載せて運ぶ方式が主流であったが、メディナは史上初めて大量の荷馬車隊列による大規模長距離輸送を実現した。欧州兵站史上の一大革新と評されるゆえんだ。

また彼は刻々と変化する戦況を把握するために、自前の速達便網を整備した。これにより輸送上のリスクを軽減できたのみならず、緊急軍事情報の入手という点で、雇い主である英国政府より優位に立つことができた。後年マールバラ公がメディナに大金を支払い続けた事実が英議会で問題視された時、公はメディナがもたらす軍事情報への謝礼だったと返答している。メディナ情報は戦場での英軍勝利にも貢献したようだ。

もうひとつの主戦場スペインで仏軍と戦う英・ポルトガル連合軍を指揮したのが英ピーターバラ伯。伯が連合軍の兵站責任者に任じたのがユダヤ人ジョゼフ・コルティーゾスだ。輸送手段確保のため、彼はまずモロッコへ渡り現地の族長と交渉し、荷車運搬用家畜を大量に購入した。入念な下準備こそ彼の本領であった。伯が一七〇五年バルセロナを陥《おと》しスペイン各地に軍を進めると、コルティーゾスはバルセロナに補給本部を置いた。そこを拠点に英軍占領下のモロッコ、ジブラルタル、盟邦ポルトガルを結ぶ補給ネットワークを構築したのだ。この補給路を通じビスケットを配給し続け連合軍を飢えから救ったと、政府の報告書の中にも彼の功績が記録されている。彼らの活躍を通じ、兵站こそユダヤ人の天職であるという認識が広まった。

一八世紀英文学を代表する作家ダニエル・デフォーも、一七二八年の作品『海軍大佐カールトンの回想録』の中で、「仲間内での助け合い、信用を守るために最大限の努力を払う仕事ぶりが兵站業務におけるユダヤの地位を高めている」と称賛しているほどだ。（＊20）

北米植民地のユダヤ系兵站

軍の補給部隊が未発達だった近世欧州。兵站と呼ばれる軍需品の補給業務は民間の商人、とりわけユダヤ商人が重要な役割を担っていた。この状況は欧州列強が北米に築いた植民地でも同様だった。とりわけ英仏による覇権争いが激化した一八世紀の北米において、兵站業務は最大のユダヤビジネスに成長した。

英軍の兵站業者として三世代にわたり頂点に君臨したのがフランクス家だ。この仕事が特定の家族の家業として継承されてきた事実を、フランクス家の事例は示している。業務上のノウハウや人脈、資金が確実に受け継がれるという点で、ファミリービジネスには利点があったわけだ。

初代ジェイコブがロンドンから北米へ移住したのはアン女王戦争期（一七〇二－一三）だ。後に第二次英仏百年戦争と呼ばれる長い戦争の始まりに商機を見いだしたのだ。ジェイコブは英軍からの受注を絶やさぬよう長男・次男をロンドンに常駐させ、軍上層部と英政界への働きかけをさせた。北米本部を継承したのは三男デービッドだ。フランクス家隆盛の原因は三兄弟の連携と政界・軍部との結びつきにあった。また出身母体であるロンドン・ユダヤ商人団の後ろ盾を期待できた点も見逃せない。

デービッドが最も活躍したのは「フレンチ・インディアン戦争」（一七五四－六三）だ。総額七五万ポンドの軍需品を英軍に納入し、最大の兵站業者となった。その一方で、きめ細やかな配慮も怠らなかった。新鮮な牛肉を供給できるよう、英軍駐屯地の近くに牧草地を借り牛を育てているのだ。後に初代米大統領となるジョージ・ワシントンとの出会いもこの戦争の時だ。ワシントンがヴァージニアの民兵隊を率い仏軍と戦った際、補給を担当したのがデービッドであったのだ。

独立戦争が勃発すると、今や独立派の指導者となったワシントンから新たな仕事が舞い込んだ。降伏した多数の英兵のために糧食、寝具、衣服を供給する業務だった。最終的に費用を英国政府に負担させるこのプロジェクトは、ロンドンに同族ネットワークを持つデービッドが適任とみなされたのだ。長らく英本国政府のために仕事を請負ってきたデービッドであったが、この頃、既に独立派支持の気持ちは強く、ワシントンからの依頼に迷いはなかった。

フランクス家の好敵手として仏植民地派遣軍を支えたユダヤ系兵站が、仏ボルドー出身のアブラァム・グラディだ。一七五九年だけでカナダ駐屯仏軍へ四五〇〇トンもの兵糧、弾薬を一二隻の船で輸送している。大量の物資調達を可能にしたのが、父の代に築いた仏・蘭・仏領西インド諸島・カナダを結ぶ同族ネットワークだ。多くの親族を駐在員として派遣していたのだ。「フレンチ・インディアン戦争」のさなか、仏領カナダの防衛を担った仏将モンカルムが英軍相手に果敢な抵抗を続けられたのも、上述のネットワークに支えられたグラディによる補給のおかげであった。

しかし海軍力で劣勢だった仏軍の兵站を担ったグラディが払った犠牲は大きかった。カナダへ派遣した輸送船の半分は英海軍に拿捕されてしまった。それでも兵站業務は魅力的だった。同業者が尻込みする中、報酬は高騰し、ハイリスクを恐れぬグラディに恵みをもたらした。一七八〇年に死んだ時、遺産は一〇〇〇万フランに達していたそうだ。

英国との戦いでグラディが成し遂げた功績については、仏王ルイ一五世が直々にお褒《ほ》めの言葉を与えたと言われる。また在仏ユダヤ教徒への市民権付与活動に尽力した開明的カトリック聖職者グレゴワールは、ユダヤ人解放を唱える自説の拠り所のひとつとして、ユダヤ人グラディによる祖国への戦時貢献を挙げている。グラディ家の事例は、英国のみならずフランスにおいてもユダヤ系兵站が重要な役割を果たしていた事実を示している。（＊21）

検証「奴隷貿易ユダヤ支配」説

兵站が大西洋を隔てた新大陸でも代表的ユダヤビジネスに成長していた頃、環大西洋世界で最大の収益をあげていたのが奴隷貿易だった。

環大西洋奴隷貿易を巡るユダヤ商人の関与についての議論は極めて政治的である。黒人民族主義系の学者たちは、史料の曲解を行なってまでユダヤ商人が主導的役割を担ったと主張してきた。その内容は「ユダヤ人は他のエスニック集団を凌駕する割合で黒人奴隷を西半球へ連行するビジネスに力を貸した。ユダヤ人こそアフリカ大陸から人的資源を収奪した黒幕だ。ユダヤ人の富は黒人に対する暴力的征服を通じて蓄積された」という耳を疑うものである。これに対してユダヤ人側学者は、奴隷貿易に全く関心を示さなかった欧州で唯一の国が、欧州最多のユダヤ人口を擁するポーランドであった事実を指摘する等、反駁《はんばく》に努めてきた。次にそれらの成果を踏まえながら実像を検証してみよう。

一六世紀初頭から始まる環大西洋奴隷貿易とは、銃、酒など欧州製品を代価に西アフリカで黒人奴隷を買い付け、南北アメリカ、西インド諸島へ運び、利益を稼ぐ商売だ。当初、ポルトガル人が独占したが、ユダヤ系の参加度は低かった。なぜならポルトガルではユダヤ人は法的に追放状態に置かれており、素姓を隠して残留する隠れユダヤ教徒への追及もなされていたからである。その後、一七世紀に約三〇年間、首位ポルトガルの座を抜き去ったのがオランダであった。オランダは後述する英国同様、ユダヤ人に宗教・経済活動の自由を認めた国であった。しかしオランダ奴隷貿易の最盛期においてさえ、ユダヤ人は極めて限定的な役割しか果たしていない。

奴隷貿易の中心を担ったオランダ西インド会社に対するユダヤ人の出資比率は、全体の〇・五%にすぎない。また蘭領西インド諸島植民地における奴隷制プランテーション経営の中心、キュラソーにおいても、ユダヤ人は白人人口の半分を占めながら、その中心ビジネスは奴隷以外の商品を近隣のスペイン領植民地へ輸出する商売であった。

短命に終わったオランダに代わり、一八世紀に中心勢力となるのは英国だった。環大西洋奴隷貿易によりアフリカから運び去られた黒人奴隷の総数は推定一一〇〇万人。半分強の六〇〇万人は一八世紀に連行されたが、その四二%を運んだのが英国船だった。しかし英国ユダヤ人の関与は最小限だった。三大貿易港ロンドン、リバプール、ブリストルを本拠とする奴隷船団の主な所有者の中に含まれてはおらず、船団に出資した主要投資家の中にもユダヤ人は存在しなかった。奴隷制の最先進地帯英領西インド諸島に移住したユダヤ人たちも、大半が都市部に住み、金融、小売りを生業《なりわい》としたので、僅かな家内奴隷を所有したにすぎなかった。多数の農場奴隷を所有し、酷使する大規模プランテーションの経営で名を馳《は》せたユダヤ人はほとんどいなかった。

英蘭のユダヤ人が奴隷貿易にほとんど関与しなかった理由は不明だ。彼らの商業キャリア、環大西洋に張り巡らされた同族ネットワーク、外国語能力。これらは他の商人に対する競争優位性を彼らに与えるものであった。さらにユダヤ教律法は奴隷制を容認しており、奴隷貿易への関与を抑止する教えとはならなかった。以上を勘案すれば、一七－一八世紀、環大西洋世界で展開された最大の営利活動である奴隷貿易に、もっと大きな割合で参加していたとしても不思議ではないのだ。けれど現在確認されている史料はこの疑問に答えてはくれない。ユダヤ人が奴隷貿易から距離を置いた理由の解明には、新たな史料の発掘を待たねばならないだろう。

以上の検証により、集団としてのユダヤ人は、奴隷貿易の「罪」ゆえに、プロテスタント、カトリック、イスラムの各教徒以上にその責めを負わされるべき存在ではないという事実が明らかになったと言えよう。また末尾を借りて黒人民族主義者の主張にも反論しておこう。その主張とは、特定のエスニック集団が過去において犯した「罪」ゆえに当該集団は子々孫々に至るまで償いをせねばならぬというものだ。その昔、当たり前だった過去の人々の行為を今日的価値基準にもとづいて一方的に断罪を行なうことほど、愚かで危険な考え方はない。

百歩譲って黒人民族主義者の主張に従えば、欲しくてたまらぬ銃や酒を手に入れるため、他の黒人部族を捕え、欧州商人に売り渡し続けたアフリカ黒人の子孫ほど咎められるべき集団は他に存在しないことになる。事実、西アフリカ沿岸に来航した欧州商人は、奴隷狩りを現地の黒人部族に丸投げしてきたのだ。また黒人奴隷に対する労働搾取という点でも、同じ黒人たちの罪は免れ得ない。例えばハイチ革命前の一七八九年、仏領サンドマングでは、法的に奴隷身分から解放された自由黒人が所有する黒人奴隷の総数は一万人を超えていた。仏領西インド諸島において、自由黒人による奴隷所有はユダヤ人のそれをはるかに上回る規模だった。富と権力の誘惑は肌の色を超越していたのである。（＊22）

英財政を救ったサムソン・ギデオン

英金融史上、伝説と化したロスチャイルド財閥の創始者ネイサン・ロスチャイルド。その誕生の三〇年前、これに準ずる力量を示したもうひとりのユダヤ人大富豪がいた。サムソン・ギデオンだ。彼ひとりで一八世紀中頃、英国ユダヤ社会の富の一割を保有したと歴史家E・サミュエルは述べている。

西印帰りのユダヤ商人家庭に生まれ、宝クジ販売の儲けを元手に公債引受業に乗り出した彼は、自力独行型の大富豪だった。全盛期には英国公債の四分の一を引き受け、自身の人脈で売り捌いたと言われる。

南海会社の株価大暴落を引き金とする大恐慌が多くの破産者を出した一七二〇年代。彼と多くのユダヤ人投資家は大損を免れたようだ。異邦人として英国社会の周縁に身を置く彼らは、投機熱から距離を置く冷静さを備えていたのであろう。やがてギデオンは「株式市場の予言者」と呼ばれ、その投資判断は多くの投資家の注目を集めるようになる。

ギデオンは歴代英政権とも親密な関係を保ち、政権側も財政上の助言を彼に仰ぎ続けた。きっかけはオーストリア継承戦争（一七四〇－四八）だ。英国にとっては植民地市場の争奪と欧州覇権を巡るフランスとの戦いだった。この戦争は英国がこれまで経験したことのないグローバルな規模のもので、空前の出費を招いた。戦費集めのため、英国政府は公債発行による長期借り入れに頼らざるを得なかった。この時、英国政府を支えたのがユダヤの資金力と組織力であった。元締めギデオンの呼びかけに参集したユダヤ出資者団は公債発行の諸条件を討議し、自身の人脈から作成した購入予定者リストと消化能力を勘案して、それぞれの責任請負額を決めたのだ。

この戦争では宿敵フランスの差し金で内乱の火種もまかれた。フランスがあと押しするスチュアート朝復活支持派が同王朝最後の王、ジェームズ二世の孫を擁立。現ハノーヴァー朝を倒すべくスコットランドで挙兵し、ロンドンの北二〇〇キロまで進軍してきたのだ。政府軍緒戦で敗退との報は国王を卒倒させた。英金融市場は恐慌に陥り、銀行では取り付け騒ぎが始まった。ギデオンはこの時もみごとに乗り切っている。政府公債の信用を支えるため、ユダヤ出資者団を再組織し一七〇万ポンドもの資金を集め、額面の七五%まで暴落した公債を買い支え、金融市場の信用回復に努めた。またイングランド銀行に大量の預金を集めることで、取り付け騒ぎを鎮めたのだ。

続く七年戦争（一七五六－六三）はさらに莫大な戦費を必要とし、政府財政を圧迫した。この時もギデオンは公債発行条件について適切な助言を行ない、またユダヤ人仲間と共に出資に応じることで財政危機勃発を未然に防いだ。

ギデオンの人生の最終目標は、貴族階級への仲間入りを果たすことであった。この時代、叙爵こそ栄達の証だったからである。国家への忠勤に励んだ褒美として叙爵を望み、政府にも働きかけたのだが、願いはかなわなかった。生粋のユダヤ教徒が爵位を得るには時代が早すぎたからだ。

ユダヤ教徒のままで男爵位が授与される初の事例は一八八五年、ネイサン・ロスチャイルドの孫ナサニエルに対するものであった。ギデオンもキリスト教に改宗しさえすれば話は早かったのだが、彼にはそのつもりはなかった。このジレンマは英国特有の妥協により解決された。キリスト教徒として育てられた一四歳の息子が叙爵にあずかったのだ。英国政府は、戦時下の財政危機から英国政府財政を救ったユダヤ人ギデオンの功績に、息子への叙爵という形で、報いたのであった。ギデオンの歴史的評価は、公債市場活用による長期的資金調達で英国政府財政を救済する手法を切り開いた先駆者であった点にあると言えよう。（＊23）

宮廷ユダヤ人のロビー活動

ギデオンのような大富豪は、英国政府に対して影響力を行使できた。しかし、その力が英国内のユダヤ社会防衛のため用いられることはほとんどなかった。一八世紀英国の反ユダヤ主義は微々たるものだったからだ。従って彼らの影響力が発揮されるのは海外の反ユダヤ主義に対してであった。次にそのような事例として、ボヘミア王国で起きたユダヤ人追放への対処の仕方についてみてみよう。

一七四四年末、ボヘミア・ユダヤ人は突然の苦難に見舞われる。翌年六月までに全てのユダヤ人は退去せよとの命令を女帝マリア・テレジアが布告したからだ。彼女はボヘミアを版図の一部に収める広大なハプスブルク帝国の君主であった。当時、ボヘミアの都プラハに攻め寄せた敵国プロイセンの軍勢にプラハ・ユダヤ人が呼応し、利敵行為に及んだというのが追放理由であった。けれどこれは全くの濡れ衣で、墺軍敗北の責めをユダヤ人に負わせることで、自国民の不満をそらそうとしたのだ。驚愕したプラハ・ユダヤ社会の指導者たちは、追放令の写しを全欧州の主要ユダヤ社会に急送し、救援を求めた。

同族の固い絆で結ばれた彼らの反応は迅速だった。フランスのボルドーとバイヨンヌのユダヤ社会では、難民への募金運動が始まった。

ローマ・ユダヤ社会は、追放令撤回のとりなしを求めローマ教皇庁への働きかけを始めた。こうした救援活動で威力を発揮したのが、宮廷ユダヤ人のネットワークだった。一八世紀欧州各国の宮廷には、宮廷財政に莫大な融資を行なうユダヤの御用商人が出入りを許されており、君主から特権的地位を与えられていた。彼らは宮廷ユダヤ人《ホーフユーデン》と呼ばれていた。一度《ひとたび》、どこかのユダヤ社会に追放などの緊急事態が生じれば、彼ら宮廷ユダヤ人たちが同胞の危急を救う「とりなし役」として、それぞれの宮廷に働きかけを行なう態勢が整えられていたのだ。ボヘミアでの出来事はそうしたネットワークの存在を明瞭に浮かび上がらせた史上初の事例と言えよう。
プラハ・ユダヤ人救援に最も力を発揮したのがロンドン・ユダヤ社会だった。その代表、アーロン・フランクスとモーゼス・ハートが救援活動の先頭に立った。フランクスは東インドからのダイヤ輸入で富を築き「ロンドンの宝石王」と綽名された大富豪で、英王室とも親交があった。英皇太子妃が仮面舞踏会で身に着けた価四万ポンドの宝飾品は彼が貸与したものであった（北米の兵站王、ジェイコブ・フランクスはこのアーロンの弟だった）。またハートは長年にわたり英王室財政に多額の融資を続けてきた大物金貸しであり、こちらも王室に充分な働きかけを行なえる立場にあった。両者はジョージ二世に拝謁し、プラハ・ユダヤ人救援のために外交上の干渉をマリア・テレジアに対して行なうよう嘆願したのである。

一万人を超すプラハ・ユダヤ人たちが子供らの手をひき、凍てつく真冬のボヘミアで街道を彷徨する様《さま》に話が及ぶと王は落涙し、「罪なき者たちが酷い扱いを受けるとはむごいことよのお」と同情の言葉を発したという。英国王は早速、ウィーン駐在の英国大使に対し、オランダ共和国の大使と力をあわせ、マリア・テレジアに追放令を撤回させるべく、あらゆる努力をせよと命じた。

この件について、ユダヤ史の碩学C・ロスは、「他国の少数民族のために、ひとつの国が純粋に人道的見地から外交上の干渉を行なった最初の事例である」と評価している。当初、頑迷な姿勢を崩さなかったマリア・テレジアも、英蘭の共同干渉に対しては譲歩せざるを得なかった。追放令を撤回し、ユダヤ人たちの帰国を許し、その居住を認めたのである。

英蘭共同干渉が功を奏した背景には、ハプスブルク帝国をとりまく当時の国際情勢があった。一七四〇年、マリア・テレジアがハプスブルク家の全領土を相続したことに不満を持つ仏王、スペイン王、プロイセン王、ザクセン公、バイエルン公等は結託し、彼女に戦いを挑んだ。オーストリア継承戦争の始まりだ。窮地に陥った彼女を支持し、味方となったのがフランスの宿敵、英蘭だった。軍事的・外交的に孤立しているマリア・テレジアにとり、英蘭の意向は無視できなかったわけだ。

ユダヤ史の文脈の中に本事件の歴史的意義を位置づけると、ユダヤ人たちが欧州国際政治の中で一定の影響力を発揮できるようになった最初の事例と言えよう。追放令撤回を求める陳情活動で力を発揮したフランクスやハートの個人的活動を、将来に備えて制度化することの必要性が認識されたことも重要だった。組織作りの気運は徐々に高まり、一七六〇年に正式に発足する英国ユダヤ人代表委員会として結実する。この委員会こそ、今日、米、欧、豪、カナダなどにまたがり、国際政治に威勢をふるうユダヤ・ロビーの起源となるのである。（＊24）

近世英国の反ユダヤ主義

英国では再入国以後、あからさまな反ユダヤ法は制定されなかった。他の欧州諸国と異なり差別的なユダヤ人特別税も存在しなかった。特別税は一六六〇年に一度だけ英議会に提案されたが結局廃案となった。以後、英国ではこの種の法律制定の試みは二度と行なわれなかった。公的領域に存在した差別とは、幾つかの公職就任に際し、英国国教会の形式にのっとった宣誓が義務づけられていたために発生したものだった。これとて元々はカトリックやプロテスタントの非国教徒の公職就任を妨げるために企図されたものであった。ユダヤ教徒はそのとばっちりを受けたと言ってもよいものであったが、それは大きな不利益とはならなかった。近世英国においてユダヤ人の大半は商人としての人生を歩んだからだ（因みにこの「宣誓義務」は一八五八年に改正され、以後ユダヤ教徒でも下院議員に就任可能となった）。一方、私的生活領域には反ユダヤ主義は確かに存在したが、そのレベルは大陸諸国と比べおおむね微弱であった。

次に数少ないそのような事例として、一七三二年、ロンドンのブロード通りで発生した「暴動」をみてみよう。事の起こりはジョージ・オズボーンという人騒がせな印刷工が、ユダヤ人を誹謗する事実無根のビラを印刷し配布したことだった。内容は、最近ポルトガルからロンドンに到着したばかりのユダヤ人たちが、ひとりのユダヤ人女性と彼女が産んだ赤子を、父親がキリスト教徒であったという理由で殺害してしまったというものだった。この告発は「ユダヤ人がキリスト教徒の幼子を殺す」という中世起源の儀式殺人告発の新たなバージョンと言えよう。

さらにオズボーンは、同様の悪行が大陸では頻発していると告発し人心を惑わした。激昂したロンドン民衆の一部は、新来のポルトガル系ユダヤ人の集住地、ブロード通りに押しかけ、数人のユダヤ人を虐待し、「次に姿をみせたら殺すぞ」と脅したのであった。ポルトガル系ユダヤ社会の執行部（マハマッド）は直ちに訴訟手続を行なった。注目すべきは高等法院が下した判決だった。「特定の集団に対する中傷は人々の敵意を煽り、平和を侵害する法律上の犯罪行為であり処罰に値する」という内容だった。現代日本の司法当局がヘイトクライムに対して下した判決文と比べても遜色のないもので先進性を評価できよう。高等法院はオズボーンに罰金を科しビラの回収を命じた。

この事件は近世英国における反ユダヤ主義の性格をよく表わしている。突発的にエキセントリックな人物が登場し、反ユダヤ立法制定要求を叫んだり、中傷のビラを配布したりするのだが、彼らの主張は一時的なもので広範な支持を得られることはなかった。そして司法当局は東欧諸国とは異なり、公正な裁きを下し犯人を処罰したのである。（＊25）

英国ユダヤ経済史のクラスター現象

中・近世英国ユダヤ経済史に特徴的なのは、特定のビジネス分野に群がり集まるクラスター現象だ。

それを各時代毎に図式化したのが表2だ。群がり集まるのにはわけがあった。中世における金融業への集中は、農場所有、ギルド加盟が法的に禁止されていたからだ。つまり普通の仕事、商工農業に就けなかったから金貸しに活路を求めたということだ。ユダヤ人側のニーズに立脚すれば、金貸しは債権回収時の苦労を除けば、時たま訪れるかもしれぬ客をひたすら待つ、静かな時間を確保できる仕事であった。その暇な時間は経典研究に打ち込める。つまり「学びの民」にとっては魅力的な仕事でもあったわけだ。

近世以後の英国でユダヤ人が特定のビジネス分野に集中したわけは、英国ユダヤ社会が、出身・系統の異なる移民集団の数度に及ぶ流入により形成された歴史的経緯によって説明できる。

最初の波は一七世紀から一八世紀前半、セファルディの移住の波だ。彼らは本国、イベリア半島在住時、あるいは英国移住前に住んでいたアムステルダムでスキルを磨いた兵站業務と外国貿易に必要なノウハウと同族ネットワークを携えて来英した。つまり職業的伝統を移住先の英国に持ち込み、得意技を活かすことで競争優位に立つことができた。近世英国のユダヤエリートにとり最も重要なふたつのビジネスの内、兵站については既に紹介したので、ここでは外

表2　英国ユダヤ経済史のクラスター現象

	富裕なユダヤ人	貧しいユダヤ人
中世 11世紀～13世紀	・金融業（不動産を抵当とする大規模貸付）	・ユダヤ人金融業者の召使い ・質屋
近世 17世紀中頃～18世紀	・兵站業務 ・外国貿易（東印産ダイヤ原石の輸入と地中海産珊瑚の再輸出） ・公債引受業 ・金銀地金取引	・行商人（特に古着） ・軍艦商人（軍港での水兵相手の商売） ・ユダヤ人富裕層の召使い
近現代 19世紀～20世紀	・投資銀行業（マーチャントバンキング） ・ダイヤ・金銀地金・毛皮取引 ・大手小売業 ・不動産開発 ・企業買収	・被服産業労働者 ・帽子・靴・家具製造の職人

国貿易についてみてみよう。

彼らの外国貿易の中で最も重要なのが、東印からのダイヤ輸入と珊瑚輸出だった。ダイヤは伝統的ユダヤビジネスの代表だ。中世欧州においてギルドの支配から免れ、ユダヤ人にも開放された数少ない品目だったからだ。中世では人気の宝石はルビー、エメラルドのような色石《いろいし》で、ダイヤは「三流の宝石」とみなされ、価格はルビーの八分の一だった。そのためギルドが縄張りを築かなかったのだ。一六世紀になりアントワープのユダヤ人たちが独自の加工、研磨技術を開発したことでまばゆい光を放つ今日的ダイヤが誕生し、人気と価格が急騰した。ダイヤは一九世紀後半に南アフリカが最大の原石供給地となるが、一八世紀以前は東印だった。一七一一－六〇年、東印からロンドンへ輸出された未加工ダイヤの総額中、ユダヤ商人の占有率は四一～七九・五％に達していた。代価となるロンドンからの珊瑚輸出では一七五〇－七五年の間、英東印会社が徴収した輸出許可料一五九万ポンドの内、七六％をユダヤ商人が支払っているのだ。一八世紀末以前には、欧州におけるダイヤ加工の中心、アントワープ、アムステルダムに供給される東印産未加工ダイヤの大半は、このルートを通じてもたらされたのである。

英東印会社は英国と東印を結ぶ貿易を独占していたが、扱いの中心は綿布であり、ダイヤにあまり関心を払わなかった。それでユダヤ商人は同社に手数料を払うことで輸入に携われたと経済史家H・ポリンズは説明しているが、理由はそれだけではない。ネットワークを既に構築しているユダヤ人に任せざるを得なかったという理由もあった。

東印におけるダイヤ原石買い付けの中心地、西海岸のゴアはポルトガル領植民地だった。歴代ポルトガル王は、インド市場開拓のためユダヤ商人の助けを必要としていた。現地での取引に必要なアラビア語など東方諸言語に通じる者が多かったからだ。それゆえポルトガル本国での居住を許していなかったにも拘らず（つまり追放状態）、ポルトガル出身のセファルディたちはゴアに商館を築き活動することを許されていた。ロンドンを本拠とする在英セファルディもルーツを遡ればポルトガルなので、ゴアにある同族の商館を利用できた。そこを本拠に原石の買い付けを行なえたというわけだ。この点が他の商人集団と比べてセファルディの優位性となり、当該分野での集中を生み出したのである。

クラスター現象を生み出した理由は他にもある。支払いの代価としてインド商人が最も喜んだのが、現地で人気の高い真紅の地中海産赤珊瑚だった。その入手ルートをセファルディ商人がおさえていたのだ。地中海産珊瑚の集積・積み出し港は北伊リボルノだった。そこを治めるメディチ家は、市を富ませるため昔から信仰の自由を保障してきた。そのため居心地の良さを気に入り、古くから移り住んだセファルディが珊瑚取引の中心勢力となっていたのだ。同市出身のセファルディの中からは、珊瑚取引で築いたネットワークを武器にロンドンに移住し、地中海産珊瑚の東印向け再輸出でさらなる飛躍を遂げる者が出現した。その代表が、後にロスチャイルド家と縁組を結ぶモンテフィオーリ家だった。「人権の擁護者モンテフィオーリの偉業」については次章で述べるとしよう。

クラスター現象の対極にあるのが特定業種における不在だ。この現象を一七六〇年代から始まる産業革命期で確認してみよう。産業革命期英国の花形ビジネスは石炭業・製鉄業・造船業・紡績業だ。幾つかの例外を除けば、これらの分野にはユダヤ人はほとんど進出しなかった。

理由を排斥に求めるのは難しい。同時代のアメリカに見られる、ＷＡＳＰ（ワスプ）と呼ばれるアングロ・サクソン系のエリート白人の既得権益層が縄張りを築き、新規参入を望むマイノリティ系企業家をがっちり排除するという図式は、英国ではあまり確認できないからだ。そもそも英産業革命を主導した産業資本家の中にはクェーカー教徒やその他の非国教徒などユダヤ人と同じ宗教的少数派が多く、彼らは多数派の国教徒と比べ、宗教や民族にもとづく差別意識が概して希薄な人々であった。障壁があったから参入できなかったというよりは、当時のユダヤエリートは第二次産業よりも金融・商業に、同じ資金調達でも国内よりも海外に対する調達に強い関心を持つ人々だったのである。

産業革命に関与しなかったその他の理由には「到達する径路《チャネル》の欠如」が挙げられる。例えば炭鉱や鉱物資源採掘会社の経営だが、自分の所有地の地下に鉱脈が埋蔵されていることに気づいた大地主が採掘に着手するケースは少なくなかった。しかし大土地所有とは無縁のユダヤ人にそうしたチャンスはほとんどなかったはずだ。同様に製鉄工場経営者の前身は鉄器作りの親方職人が多かったが、中世以来のギルドの流れを汲むその仕事もユダヤ人とは無縁の仕事だった。ギルドは同職組合であるだけでなくキリスト教徒の信仰共同体でもあったからだ。（＊26）

第三章　近代

——宰相ディズレーリとロスチャイルド家

裕福な未亡人を
後援者にしたい
若きディズレーリ、
男ぶりを磨く
出典：Edited by Charles Richmond and Paul Smith, *The Self-Fashioning of Disraeli 1818-1851* (Cambridge University Press 1998)

盗品故買の帝王、ソロモンズ

英文学の巨匠ディケンズの小説『オリヴァー・トゥイスト』の中にはフェイギンというユダヤ人の悪漢が登場する。子供らにスリの技を仕込み、盗品を買い取る故買屋だ。実はフェイギンには実在のモデルがいた。アイキー・ソロモンズだ。ソロモンズが壮年の美男であったのに対し、フェイギンは醜悪な老人という違いはあったが、それは物語の性格上、フェイギンの悪役らしさを強調するための設定だった。東ロンドンの貧しい移民家庭に生まれたソロモンズは一四歳から悪仲間と徒党を組み、スリ稼業を始めた。手形帳をすられても全く気付かなかったと語る被害者の証言から、彼が腕利きのスリだったことが分かる。けれど警官に顔が知られすぎたので三一歳で故買屋に転じた。

ユダヤの盗品故買業は首都ロンドンに蔓延した組織犯罪の中で重要な分野で、キリスト教徒は従属的立場に甘んじていた。「盗品を取り戻したければユダヤ人街へ行け」という俗説が囁《ささや》かれたほどだ。故買が「ユダヤ的犯罪」となった理由は、第一に持ち込まれた盗品を値踏みできる鑑定眼が求められたからだ。粗暴さとは無縁の知性の高さが必要な犯罪なのだ。第二に足がつかぬようブツを安全に換金する上で、国境を越えた同族ネットワークが役立ったからだ。出所《でどころ》がばれやすいオリジナルな宝飾品は、オランダ在住のユダヤ仲間のもとに送られさばかれるのだ。逆に欧州大陸で盗まれたお宝は、同じネットワークを通じ頻繁に英国に持ち込まれた。英蘭のユダヤ系大物故買屋は、稼業のみならず血縁、婚姻によっても結ばれていたのだ。

ロンドン市内有数の盗品故買業の中心ペチコートレーン界隈で、ソロモンズは一八二六年頃に顔役となっていた。彼が提示した買い取り価格が、業界の基準値として尊重されたほどだ。貯めこんだ盗品は馬車一台分。彼の隠れ家に踏み込んだ警官隊は、秘密の地下室に堆《うずたか》く積まれた盗品の山に肝を潰したそうだ。年若いスリや泥棒を手懐け、お宝を盗《と》ってくるよう仕向けていた。

彼の悪行は悪漢小説《ピカレスクロマン》となり読者を楽しませた。きっかけは冒険活劇さながらの逃走劇だった。それは一八二七年、二度目の逮捕の直後に起きた。当時、容疑者が保釈申請を行なう場合、出獄許可を得た後、獄吏に付き添われ、本人が高等法院へ出頭する決まりだった。その道中で脱走劇が仕組まれた。夫に会いたいだけだと哀願する妻の口車に乗り、また賄賂に目が眩《くら》んだ獄吏たちは、護送馬車にソロモンズの妻を同乗させてしまう失態を犯した。帰路、地元のペチコートレーンで、自分だけ降ろしてくれという彼女の願いを聞き入れたのが運の尽きだった。馬車を停めドアを開けた瞬間、妻ではなく、手錠をかけられたソロモンズが外に飛び出たのだ。そこには人混みに紛れた手下が潜んでいた。手はず通り手下どもは外から扉を閉め続け、獄吏たちの追跡を阻んだ。その間、ソロモンズは勝手知ったるペチコートレーンの裏通りに姿をくらましてしまう。

この逃走は一大ニュースとなり、内相は海外への逃亡を阻止すべく官憲当局に厳命を下し、懸賞金付きの手配書を各地の郵便局へ配布した。年貢の納め時となったのが一八三一年、三度目の逮捕だった。一四年間の流刑判決を受け、英領の流刑植民地、豪州へと島流しにされてしまう。

豪州ユダヤ社会の起源を解明した歴史家Ｊ・Ｓ・レビィは一七八八年に最初のユダヤ人の囚人が送られてから一八五〇年までの間、豪州へ島流しとなったユダヤ囚人は六八四人で、流刑囚全体の〇・七％を占めたことを明らかにしている。当時ユダヤ人口は英国総人口の〇・一％にすぎなかったので、人口比七倍の割合で島流しにされていたことが分かる。

今日ではケチな犯罪など犯す必要がない英国ユダヤ人ではあるが、貧しい移民が多かった当時の英国ユダヤ社会には、大勢の犯罪者があふれていた。社会派作家ディケンズが作中にユダヤ人の犯罪者を登場させたのも、当時の社会的現実を写し出そうとしたからなのだ。犯罪はユダヤ人への敵意を強めた。とりわけ路上に我が身を曝す貧しい行商人は、苛めから自身を守る必要に迫られることになる。ユダヤと拳闘、異質な要素が史上初めて結びあう社会的素地が成立したのだ。次にその実像に迫ろう。（＊27）

近代拳闘の先導者メンドーサ

近代ボクシング発祥の地、英国。その草創期一七六〇年代から一八二〇年代にかけて、少なくとも三〇人のユダヤ人が英拳闘界で活躍し、競技の近代化に貢献した。総人口の〇・一％にすぎぬ在英ユダヤ人の多くが貧困と偏見に苦しんでいたこの時代は、英拳闘界におけるユダヤの黄金時代でもあった。最強の選手は第一六代英国チャンピオンとなり、「イスラエルの星」と称えられたダニエル・メンドーサだ。彼の活躍に対する英国民の熱狂ぶりを示す一例となるのが一七八九年夏、仏革命勃発と時を同じくして彼が闘った試合だ。この時、英諸新聞は革命よりも彼の試合の方を優先し、第一面で報道したほどであった。彼の叙事詩的闘いぶりについては、民衆歌謡の中で長らく歌い継がれた。

評判を聞きつけた国王ジョージ三世はメンドーサを王宮へ招き、親しく言葉を交わした。国王への拝謁は、ユダヤ庶民層にとり前例のない栄誉だった。王室の恩愛は英国社会に蔓延していた反ユダヤ感情を和らげた。

自身の技を他者に文字で伝える知性の持ち主でもあったメンドーサは、『拳闘術』を出版した。同著で彼が掲げた習得すべき第一の原則とは、体のバランスを常に保ち続けることであった。パンチを繰り出す時も、相手のパンチをかわす時も、常に体勢を崩さぬという教えだ。打撃系格闘技を学ぼうとする者にとり大切な基本だ。また同胞に加えられる街頭での侮辱（それは前項のユダヤ犯罪の結果生み出されたものだった）に心を痛めていたメンドーサは、ユダヤ人街に拳闘ジムを開設し、同胞の若者に護身のための拳闘術を教えたのだ。

　これにより、ユダヤ人青少年の間に熱病の如き拳闘ブームが沸《わ》き起こる。腕に覚えのある弟子たちの中からは、拳ひとつで富と名声が得られる職業拳闘家への道に進む者も現われた。その筆頭が、師に次ぐ偉業を成し遂げ「鉄の拳を持つ男」と呼ばれたサミュエル・エリアスだ。体重別階級制などなかった当時、僅か五八キロにすぎぬエリアスの対戦相手は皆大男。一〇〇戦を超す試合の内、負けは数回というから驚異的戦績だ。体重一九六ポンド（約九〇キロ）の大男を僅か一五秒で倒した試合もあるそうだ。素手で殴り合うベアナックルの時代、「最強のハードパンチャー」と評されるゆえんだ。軽量が災いして王座には就けなかったが、あと五、六キロ重かったら王者になれただろうと言われる。

　拳闘史上における功績はアッパーカットの発明だ。一八〇四年の某試合で無意識のうちに編み出した打法だ。また打ったらすぐ距離を置き、相手の反撃をかわす師譲りのヒットアンドウェイ戦法もエリアスの得意技であった。師と同じく英国ユダヤの国民的英雄に祭りあげられている。

　三番目の戦績を誇るのが、「東洋の星」と綽名されたバーニー・アーロンだ。前述の二人と同様、国際ボクシングの名誉殿堂入りを果たしていることからも傑物に違いない。軽快なフットワークと巧みな間合いの取り方で軽量のハンディを克服した。この他に冷静沈着な試合ぶりで知られたアイザック・ビトンは引退後、師と同じくユダヤ人街にジムを開き、後進の育成に尽力した。またベラスコ四兄弟の長男エイブラハムは民族意識旺盛という点では師と同じで、反ユダヤ発言を行なった対戦相手に抗議文を送りつけている。

拳闘史上においてこの時期の英国ユダヤ人ボクサーが果たした役割についてもまとめてみよう。それは防ぐことさえ卑怯《ひきょう》とみなす攻撃重視の古典的ボクシングから、攻撃と防御のバランスを重視した近代ボクシングへの進化発展を先導した点であろう。メンドーサが開発した相手のパンチをかわす巧みな足さばき、サイドステップはその典型と言えよう。

また飲酒夜遊びが常態化していた拳闘界に、練習一筋の禁欲的トレーニング法を導入したこと、野蛮視された路上での懸賞拳闘試合を、世間の尊敬を得られる洗練された競技へと進化させたことも彼らの功績だ。ユダヤ史上における功績としては、貧しい移民の中にも、盗品故買や古着の行商以外の仕事で卓越した能力を持つ者が存在したことを世間に知らしめた点が挙げられるだろう。（＊28）

ディズレーリのユダヤ人種優越論

「ユダヤの誇り」を身体能力で示したのがメンドーサと弟子たちだったとすれば、雄弁と文才で示したのがベンジャミン・ディズレーリ（一八〇四－八一）だ。彼はユダヤ出自の公職者の中で最も著名な人物だ。立身のため、表向きは英国国教会に改宗したとはいえ、彼の人生は「ユダヤ人の人生」と呼ぶに値するものだった。旺盛なユダヤ人意識を持ち続け、それを公言してはばからなかったからだ。

彼が首相の座に登り、女王の寵愛を得て伯爵に叙せられるのに、ユダヤ出自は英国という国では致命的障害にはならなかった。しかし幾多の偏見を乗り越える必要はあった。政治家志望の野心的な若者にとり、必要なことは後援者探しだ。そこで社交界に潜り込み、色男の小説家として振る舞い、裕福な未亡人たちの歓心を買った。彼の文才、男ぶりは出自に伴うハンディをはね返す武器となった。社交界では異人との交際はファッションとしてもてはやされたからだ。

ところが選挙に立候補するや、状況は一変する。ユダヤ出自が攻撃材料にされてしまうのだ。演説会では心ない野次が飛び、対立候補の手下は竿《さお》の先にベーコンの切り身を突き刺し、彼の鼻先で揺らす嫌がらせをした。ベーコン（豚肉）はユダヤ教戒律では忌避すべき食物であるため、この行為は彼がユダヤ出自であることを恰好の攻撃材料にした嫌がらせだったわけだ。

議席争いに勝つため対立候補たちは、人々の意識下に蠢《うごめ》き始めた反ユダヤ感情を呼び覚まそうとした。それは中世キリスト教会が広めた、宗教の違いに根差す反ユダヤ主義とは別物だった。キリスト教に改宗した後も、当該人物をユダヤ出自のゆえに執拗《しつよう》に排撃し続ける、新たなタイプの反ユダヤ主義だった。後のナチズムにおいて完成される、人種を根拠とした近代反ユダヤ主義と言えよう。

　これに対し彼が採った対抗策は注目に値する。寛容の精神を説いたり、自身が「英国人プロテスタント」であることを証明したりする代わりに、誇張された「ユダヤ人種優越論」を唱えることで対抗した。ユダヤ人は英国民のためにふさわしいリーダーシップを行使できる「選ばれし人種」であると主張し、英国社会の諸制度はユダヤ的価値観に根差すと説いたのだ。人種に対する思い入れは著しい。彼の小説に度々登場する全知・全能のキャラクター、シドニア（半分は彼自身、もう半分はロスチャイルド家の当主を体現している）をして「人種こそ全てだ！」と宣言せしめるほどであった。

　みずからのイメージ作りに人種論を持ち出したことは、当時、胎動を始めた欧州思想界の鬼子、人種論的近代反ユダヤ主義に何某《なにがし》かの根拠を与える結果となってしまった。つまりディズレーリは人種論的近代反ユダヤ主義の最初の被害者であると同時に、その増幅に一役買ってしまった人物と言えよう。現代人からすれば妄想と思われる人種論にまみれていたのは彼ばかりではなかった。当時、欧州に生きた多くの知識人も、人種こそ歴史や政治を動かす原動力と見なしていた。ディズレーリが政界の反ユダヤ主義に対抗するために「ユダヤ人種優越論」を捏《ねっ》造《ぞう》したことに最初に注目したのは、政治学者ハンナ・アーレントだった。

その後、英近代ユダヤ史の研究者D・セサラーニ教授は、ディズレーリが「ユダヤ人種優越論」を宣伝し始める時期が、ロスチャイルド家と親密な関係を築き始める時期と一致している点に着目し、新説を唱えた。「ユダヤの誇りを強く抱くロスチャイルド家に取り入るため『優越論』を唱え始めた」という説だ。自分は改宗者にありがちなユダヤ教に対する否定的な見解の持ち主ではなく、「ロスチャイルド家の宗教と人種」に好感を抱いていることを積極的にアピールする必要があるとディズレーリは考え、その通りに実行したのだ。

こうして何とか受け入れてもらい、互酬関係が築かれた。議会で得た情報をロスチャイルド家に教え、ロスチャイルド家は海外駐在員から得られる極秘国際情報をディズレーリに伝えた。政治資金提供についても、一八六二年に少なくとも二万ポンドの献金を同家から受けていたことが確認できる。特に第二代当主ライオネルとは最も親密な間柄で、屋敷を長年、自宅代わりに使わせてもらったほどだ。一八七九年、ライオネルの死に打ちのめされたが、三人の息子たちは父の「旧友」のもとに集まった。ディズレーリは晩年の一〇年間、心底、ロスチャイルド家の代理人であった。両者の共同作業の最高傑作については次項で紹介しよう。（＊29）

ロスチャイルド家は国際政治を動かせたか

英ロスチャイルド家の成功はナポレオン戦争による混乱に乗じたものだ。支えたのは優れた情報収集・伝達網だった。ロンドンの屋敷には遠くはケニアやブラジルまで即刻出発できる一二人の早飛脚が常に待機していたそうだ。早馬と快速帆船を乗り継ぎ指令を伝え、また世界各地からの投資情報が本家に伝えられた。最も有名な逸話はワーテルローの勝報を誰よりも早く入手し投資で大儲けした一件だ。この戦争中、最大の収益源は「英国の生命線」ウェリントン将軍麾下《きか》のスペイン遠征軍への送金業務だった。一八一一－一五年に送られた四二五〇万ポンドの少なくとも半分は同家によるものであった。送金ルート上のリスク要因を回避する上で、刻々と変化する戦況情報の入手は大きな助けとなったはずだ。ナポレオン没落後、ロンドンが国際金融の中心に躍り出たことはさらなる追い風となった。

一八一八－三二年、都合二六ヶ国が資金調達のためロンドン金融市場で起債したが、この内、英ロスチャイルド家は全体の三八％、二一〇〇万ポンドを引き受けている。二位は同じくドイツ系ユダヤのゴールドシュミット家の一七％であった。

機を見るに敏な果断さのみならず、慎重さもロスチャイルド家の御家芸だった。一八三〇年代に始まる「世界初の鉄道建設」にはあえて手を出さず成り行きを静観したのが良い例だ。鉄道という新たなイノベーションが儲かるということが英国内で実証された後、そのノウハウ、事業一式を海外に輸出することを自身の仕事としたのだ。売り込みの中心はフランスだった。

一八四〇年代はフランスにおける鉄道建設大ブームの時代だった。英仏ロスチャイルド家はその中心にいた。一八四七年までに投入された資本の半分は英国資本で、そのうちの大半は英ロスチャイルド家からのものだった。出資のみならず経営にも関与。著名な機関車発明家スティーヴンスンの協力も得てフランスを走る機関車の四分の三は英国製となった。英ロスチャイルド家の協力なかりせば、フランスでの鉄道建設は大きく遅れただろうと言われている。

同家の名声をさらに高めたのが第二代当主ライオネルの資金提供で実現した一八七五年のスエズ運河買収だ。エジプトの支配者イスマイルがスエズ運河を売りたがっているという情報をライオネルが入手したのだ。別ルートで英首相ディズレーリのもとにも同じ情報が届いた。一一月一四日のことだった。話は煮詰まり、月末までに即金で四〇〇万ポンド用意してくれるなら英国へ売っても良いと、財政破綻に瀕したイスマイルが打診してきた。逃せばフランスに買われ、インドへの最短ルートが脅やかされるやもしれぬ。イングランド銀行は頼れなかった。取締役会を招集し承認を得る時間がなかった。ロスチャイルド家なら当主の即断で決められる。切羽詰まったディズレーリは親友ライオネルに頼み込み、期日までにカネを用立ててもらった。

買収が成功したおかげで、英国アジア進出の利便性は格段に高まった。ライオネルの助けがなければ、ディズレーリはフランスの鼻を明かし国益を守ることができなかったであろう。

華々しいロスチャイルド家の手柄話は、「国際政治を動かすユダヤ人」という反ユダヤ主義者の陰謀論に恰好の根拠を与えるものとなった。けれどそれは正しくない。「ロスチャイルド家が国際政治を動かせた」案件は、英国の国益に合致するものに限られたからだ。

国益を大きく損なう場合、同家の意向が顧みられることはまずなかった。分かりやすい例をひとつ。帝政ロシアのユダヤ人迫害を止めさせるべく同家が英国政府に対して、ロシアを締めつけてくれと働きかけを続けた一件だ。これは顧みられることはなかった。新興軍事大国ドイツこそ最大の脅威とみなす英国政府は、ドイツに対抗するための英露協商（一九〇七）をあっさり結んでしまうのであった。（＊30）

モンテフィオーリとダマスクス事件

ロスチャイルド家の代理人として、一九世紀ユダヤ世界で人権の擁護者として活躍したのがモーゼス・モンテフィオーリだ。彼がその名を高めたダマスクス事件をみてみよう。

一八四〇年二月、シリアのダマスクス市内のユダヤ人街でカトリック修道士が失踪した。「儀式に血が必要なユダヤ人が殺したのだ」と、直後に醜悪な噂を広めたのは地元のギリシア正教徒だった。キリスト教徒の失踪をユダヤ人による「儀式殺人」と結びつける思考回路は、西欧先進国では人々の意識の中で既に風化していたが、中世的な迷妄を色濃く宿すギリシア正教徒の間では依然根強かった。事態を悪化させたのは仏領事だ。フランスはシリアでカトリック教徒への保護権を獲得しており、仏領事が現地の法に従って犯人の捜査・尋問権限を行使できたのだ。仏領事は地元のユダヤ人男性を捕え拷問にかけた。

男性は苦痛を逃れようと、「七人のユダヤ長老が犯人だ」と「自白」し、七長老は逮捕・投獄された。仏領事を動かしたのは国益の追求だ。それは彼の報告を受けた仏首相ティエールの反応からも明白だ。私的な場では「拷問で得られた自白に信頼は置けぬ」と言いながら、国会演説では「捕われのユダヤ人は有罪だ」と言明してはばからなかったのだ。

背景にはシリア領有を巡るオスマン帝国と新興エジプトの対立があった。フランスはエジプトに肩入れすることで、シリアへの影響力を強めようとしていた。期待したのはシリアで勢力を保つ、土着キリスト教徒の対仏協力であった。彼らが熱狂する「儀式殺人告発」を仏首相が否定することなどできぬ相談だった。シリアでの国益を追求する仏首相にとり、「儀式殺人告発」の真偽などどうでも良かったわけだ。次にオスマン帝国政府の立場だが、一貫して告発をしりぞけてきた点は重要だ。一五世紀末以来、ユダヤ難民に避難所を提供し続けた寛容な同政府に、領内キリスト教徒臣民の反ユダヤ主義に同調する理由などなかった。

けれどこの理屈は、エジプト太守《たいしゅ》には当てはまらなかった。オスマン体制に反旗を翻しシリアを占領した彼は、土着キリスト教徒からの支持を欲していたからだ。一方、オスマン帝国に肩入れした英墺露の中で、英国のみがダマスクスのユダヤ人救援策を迅速に採れたのには三つの理由があった。第一はユダヤ世界の守護者としての自覚・力量を備えたユダヤ人大富豪の台頭だ。第二は他の欧州列強に見られぬ親ユダヤ主義《フィロセミチズム》の強まりだ。それを示すのがロンドン市長公邸で催された抗議集会だ。迫害に曝された外国ユダヤ人を助けるため在英キリスト教徒が集結した初の集会であり、海外同胞への正義を求める英国ユダヤ人に対する、キリスト教徒側の初の連帯表明でもあった。

　中心はキリスト教シオニストの先駆、福音派千年王国論者だ。総帥アシュリー卿は、義理の息子の立場を活かし義父パーマストン外相を誘導した。ユダヤ人救援がパーマストンの中東政策と整合性を有した点も重要だ。斜陽のオスマン帝国を支えることで中東の勢力均衡を保とうとした彼にとり、ダマスクス事件は、野心を露《あらわ》にするエジプト太守とシリアでの勢力伸長を目論むフランスの策謀を抑える好機となった。告発されたユダヤ人の無実を勝ち取れれば、フランスの信用を失墜させられるからだ。

　パーマストンの支援下、事件解決に乗り出したのがモーゼス・モンテフィオーリ率いるユダヤの使節団だ。背後には義兄のロスチャイルド家当主が控えていた。粘り強い交渉を重ね、獄中のユダヤ長老釈放と、「告発は誤りだった」との太守による宣言を勝ち取ったのだ。勝利は国際情勢に負うところ大であった。直前に、シリアからの撤退を迫る英墺露による最後通牒が発されていただけでなく、パーマストンはエジプトに圧力を加えるため同国船舶の拿捕を実行したからだ。欧州列強の政治的野心が本事件の悪化と解決には深く関わっていた。

解決に尽力したモンテフィオーリは、グローバルレベルの人道支援の草わけとして評価できよう。彼が解決を試みた諸問題、宗教的差別や少数派への迫害は、同時代人にとっては瑣末な事柄とみなされる場合が多かった。けれど今日ではグローバル社会の中心課題に位置づけられているのだ。彼こそ、それらの解決に取り組んだ先駆者であったと言えよう。（＊31）

英砲艦外交の導き役

英首相在任中、薩英戦争、下関戦争で砲艦外交を展開し、日本とも因縁浅からぬパーマストン。外相時代その予行演習をギリシアで行なった際、導き役を務めたのがアテネ在住のユダヤ商人、ドン・パシフィコだった。

一八四七年四月、パシフィコの家が地元警官に煽動された暴徒に焼打ちにされたことが事件の発端となった。賠償を求めギリシアの裁判所に訴えたが埒があかない。やむなく英国大使館を通じ英外務省に助力を求めた。英領ジブラルタル生まれの彼は、英臣民としての権利を主張できたからだ。独立して日も浅いギリシアでは、トルコ支配下で優遇されたユダヤ商人への反感が強かった。ギリシア正教世界で長年続く宗教的反ユダヤ主義は、商業上の競合によっても増幅されていたのだ。

今回の暴動の契機は、復活祭恒例の行事が当局の命令により一方的に禁止されたことに端を発していた。それは「イスカリオテのユダ」のはりぼてを燃やし気勢をあげる民衆騒擾《そうじょう》だった。「キリストを裏切ったユダ」を「ユダヤ人の象徴」に仕立て火焙りにすることで、反ユダヤ感情を発散していた。西欧では禁止されて久しかったが、偏見が一層根強いギリシア正教世界では、恒例の行事として続けられていたのだ。今回に限り禁止されたのは、ギリシア政府への貸付金返済を求める仏ロスチャイルド男爵が滞在中であり、男爵の機嫌を損わぬようにとの配慮からであった。鬱憤晴らしの場を奪われ憤懣《ふんまん》やるかたない民衆は暴徒と化し、有力ユダヤ商人パシフィコの邸宅を襲ったというわけだ。

救援を求められた英外務省は、以前よりギリシア政府の態度に業を煮やしていた。オスマン帝国からの独立に力を貸した英国は、英国流の立憲君主制を根づかせようとしたが、擁立時に少年だったギリシア国王は長ずるに及び立憲制を蔑ろにし始めたからだ。それゆえ、パシフィコ事件はギリシア懲罰の恰好の口実を与えたのである。不毛な交渉が続いた後、誠意なきギリシア政府に賠償金を払わせるため、英外相パーマストンは艦隊を派遣。ギリシア国王が最後通牒を拒否するや、同国船舶二〇〇隻を拿捕。英海兵隊を上陸させ王宮まで進軍させた。キリスト教国を相手取ったユダヤ教徒の民間人による賠償請求を支援するため、英国政府が艦隊を派遣し、相手国の喉元《のどもと》を絞めあげた。これは欧州史上前代未聞のことであり、一大センセーションを引き起こした。

ギリシア政府が賠償金支払いに同意したことは言うまでもないが、これで終わりではなかった。同じく東地中海域に触手を伸ばしていた仏露は、英国が単独で海上封鎖権限を行使したことを許さず、関係が悪化した。パーマストンの政敵たちは、「ケチな金貸しのために列強との関係を危うくさせた」と責めたて辞任を迫った。首相は政敵との討論対決の場を下院で与えることで恩情を示した。「粉飾されたパシフィコの財産目録は嘘八百で、パーマストンは取り込み詐欺に加担した」という非難に対し、パーマストンは英議会史に残る感動的な演説で応酬した。「パシフィコの申し立てが真実か嘘か私は知らない。……しかし英臣民はいずこの国に在ろうが自国の強力な腕《かいな》により不正から保護される。ユダヤ教徒だからといって悪巧みの標的にされても良いという悪弊を私は容赦しないのだ」。起死回生の名演説により下院での信任決議を勝ち取ったパーマストンは、稀にみる雄弁家として名声を博し、首相への道を確かなものとした。

彼が仏露との関係を危うくさせてまでパシフィコを守り抜こうとしたのは、英ロスチャイルド家の意向を慮《おもんばか》ってのことだろう。ウィーン会議以後、同家は迫害に曝されている諸外国のユダヤ人の人権を擁護する守護者として、積極的に振る舞い始めていた。それゆえ、パーマストンと彼の政権は、苦難に見舞われた在外ユダヤ人の救援劇を演じてみせる必要があったとい

うわけだ。ロスチャイルド家はユダヤ人たちにとり「秘密兵器」になっていたのだ。（＊32）

「ユダヤの宮廷」

ビクトリア女王はユダヤ出自の宰相ディズレーリを寵愛し、女王の長男エドワード七世の御《み》代《よ》（一九〇一－一〇）と先立つ三〇年近い皇太子時代、ユダヤエリートと英王室の蜜月関係はピークを迎えた。エドワードは彼らを腹心として側近くはべらせ、その関係は彼が死去するまで続いた。世人はこのようなエドワード七世の宮廷を「ユダヤの宮廷」と揶揄《やゆ》した。

選ばれし腹心の顔ぶれからは、当時のユダヤエリートの国際色豊かで多様な出自が浮かび上がる。ロスチャイルド家第三代当主ナサニエルと、その弟アルフレッドとレオポルド。南アフリカのダイヤ・金採掘で八〇〇〇万ポンドの富を築いたアルフレッド・バイト。インド産アヘンを中国市場に輸出し富の土台をつくりあげたサスーン家の四男ルーベンと五男アーサー。サスーン家はボンベイ、上海を拠点とするが中東バグダードの出自だ。また一代で七五五万ポンドを築いたドイツ系ユダヤ移民のアーネスト・カッセル。さらに初期対日貿易とシェル石油の創業で四〇〇〇万ポンドの財産をつくりだしたマーカス・サミュエルなど、大英帝国のビジネスホットゾーンで巨富をなしたユダヤ大富豪の面々だ。

彼らがエドワードのもとに招かれたきっかけは、皇太子時代に母ビクトリアから疎まれ、一時公務からしりぞけられたことによる（優秀すぎる父アルバート公と比べられた結果なのか）。皇太子の情熱は競馬、狩猟、海外旅行に向けられる。陰気なバッキンガム宮殿にあらがおうと自身の御殿マルボロー屋敷にとりまきを集め、陽気で派手な娯楽に興じ、強い仲間意識で結ばれてゆくのだ。人は彼らを「マルボロー屋敷の面々」と呼んだ。人柄の良さゆえに英社交界の中心でもあったエドワード。そのとりまきに上述のユダヤ人たちが抜擢されたことは、彼らが英社交界最上層の仲間入りを許されたに等しい。何と言っても「次期国王のまぶだち」なのだから。

　この現象は当時、世界的にみても極めて珍しい。「最も民主的」と思われていた合衆国でさえ、「社交界最上層三〇〇家族」の中にユダヤ人はひとりもおらず、フランスでもロスチャイルド家の六人ほどが社交界トップに君臨していたにすぎないからだ。

　皇太子がユダヤ人を重用したのは、時代の変化を反映するものだった。つまり富と権力の尺度は領地からカネに移っていたからだ。この価値観の変化に自身を適合させることは王位継承者として当然の選択であり、また望ましくもあった。偏見がなく寛容な心の持ち主だった点も重要だ。腹心の中にはユダヤ教徒であることを大っぴらに誇示する者さえいたが、不興を買うことは全くなかった。それどころか、エドワード自身が覚えたてのユダヤジョークを連発して座を盛りあげたそうだ。宮廷での催しはユダヤ教の安息日と重ならぬよう、木曜の晩に組まれたのだ。

遊興三昧で知られるエドワードだったが、唯単に遊び友だちを腹心に選んだわけではない。実は英国の地位強化のため「栄光ある孤立」を捨て、他国との同盟関係構築に熱心な君主でもあった。そのようなエドワードにとり、ユダヤ人大富豪人脈は貴重な国際情報の宝庫だったはずだ。例えばサスーン家の兄弟はいかなる外交官よりもインド人の心性を理解していたと評されているし、青年時代、単身訪日しビジネスチャンスを拾い当てたマーカス・サミュエルは大の日本通だった。エドワードは家柄が良いだけの旧貴族の中からでなく、世知にたけ広い視野を備えた新興大富豪の中に腹心を求め、自分の眼鏡にかなう逸材を集めた結果、ユダヤ人ばかりとなってしまった。これは旧貴族にとり大変ショックだったに違いない。

次に大富豪側から、国王のとりまきに加わるメリットについて、サスーン家を例にみてみよう。サスーン家を築いた初代デービッドは、八人の息子の中から家業にあまり向いていない四男ルーベン、五男アーサーに早くから英国式教育を受けさせ、英社交界にデビューさせている。狙いは社交界のスターにして、サスーン家の知名度を英本国で高めることだった。家門のパワーを総体として捉えた時、財力だけでなく威信も重要だったからだ。

豪奢《ごうしゃ》好みのルーベンの気質とアーサーの学識の深さは、父の予想を超えて皇太子の心を捉える武器となった。ルーベンはお気に入りの旅仲間、アーサーの屋敷は皇太子が最もくつろげる滞在先となり、それは王となった後も続いた。八人兄弟の中で五男アーサーの知名度が最も高かった事実は、一族の広告塔としての役目を果たすことに成功した証と言えよう。アーサーの人生の最重要目標は、エドワードと親交を深め、それによりサスーン家の威信を世に知らしめることであった。

「ユダヤの宮廷」に集ったユダヤ人たちは、ドイツ語のホーフユーデン（宮廷ユダヤ人）とは別物だ。独墺では君主がユダヤ社会に度々無理難題をふっかけてきたので、ユダヤ社会を守る守護者役としての宮廷ユダヤ人が必要だった。ところが英国では再入国以後、そんな君主はいなかったし、第二章末に登場したフランクスやハートのように「宮廷ユダヤ人的な」働きをした者もいたが、相対的に自由な経済システムが機能していたので宮廷ユダヤ人の働き場所は少なかったのだ。彼らは専ら、外国政府の反ユダヤ主義から現地の同胞を守護する役まわりを演じた。政府主導型の反ユダヤ主義が存在しない再入国以後の英国では、王の側近くはべるユダヤエリートたちは、あくまで相談役、助言者、遊び友だちだった。

次にユダヤ人が王の側近に取り立てられたことの歴史的意義を考えてみよう。一八五八年、ユダヤ教徒の下院議員就任という形で政治的権利が完全に解放されてから半世紀、最後までユダヤ人を拒んできた社会的障壁が英社交界最上層へのエントリー資格だった。そして王の側近たちがその「最上層」に他ならなかった。ビクトリア朝末期、ユダヤ人は上院での議員就任も許されたが、女王の側近にユダヤ人はいなかった。ところが女王の長男エドワード七世は、王宮の扉をユダヤ人に開いたばかりか、側近の多くをユダヤ人にした。再入国以来、おおむね友好的だった歴代英国王。中でもエドワード七世はユダヤ人への寛容を促すのに大きな役割を果たしたと言えるが、その一方で好遇は妬みも招いた。ヒレア・ベロックのような狭量な文筆家は、ユダヤ金権エリートを主要攻撃目標としたのであった。

一九一〇年、エドワード七世死去の直後、一枚の漫画が世の注目を集めた。それはユダヤ人の側近たちが王宮控えの間に勢ぞろいし、「これまでのように自分たちは王宮で歓迎されるのであろうか？」と不安な表情を見せている作品だ。歴史的事実としては彼らが冷遇されることはなかったが、新王ジョージ五世は亡父の如き派手好みではなく、静かな生活を好む人物だった。何より若い王が親しい交わりをするには「側近たち」は年寄りすぎた。エドワード七世時代、王の側近く自分たちの同胞が集った栄光の日々は、英国ユダヤ人にとり懐かしい想い出となった。（＊33）

日露戦争で日本の資金調達を助けたユダヤ人脈

次に「ユダヤの宮廷」に集った側近たちの実像に迫ろう。人脈の中心は、「王の最も親しい友」と評されたドイツ系ユダヤ人のカッセルだ。事務員からの叩き上げで、二〇代で投資銀行家に出世、エジプト経済の混乱を鎮める活躍をした。借金まみれの皇太子の財政を立て直すことで信任を得た。エドワードは私生活から外交に至るまで、多岐に及ぶ助言を終生カッセルに仰ぎ続け、「英国一の頭脳」と称えその判断力を激賞した。このカッセルを通じエドワード七世の腹心の末席に加えてもらったのが、長年にわたるビジネスパートナー、同じくドイツ出身のジェイコブ・シフだ。米国籍のシフは在米ユダヤ系財界人の親睦組織、ワンダラーズのまとめ役でもあった。

　シフは日本では高橋是清に資金協力を行なったことで「日露戦争の恩人」として記憶されている。戦費調達のためロンドン金融市場で悪戦苦闘していた日銀副総裁、高橋のもとを米投資銀行業界の重鎮シフが訪れ協力を申し出るという、あの有名な話だ。この時、シフの背後で演出を行なったのが四〇年来の刎頸の友、カッセルだった。シフ・高橋「両者のドラマチックな出会い」はカッセルによって仕組まれたと、高橋の秘書役深井英五（後の日銀総裁）は状況証拠にもとづき回想録の中で推測している。

　このエピソードは、ワンダラーズの合意形成をとりつけたシフが高橋に協力を申し出たという構図（＝米ユダヤ人が日本を助けた）だけでは収まりきらぬ広がりを持っている。エドワード七世の宮廷に集うユダヤ人大富豪たち、さらにはハンブルクのユダヤ財閥ウォーバーグ家まで巻き込んだ、英米独にまたがるユダヤ人大富豪人脈が高橋を助けているからだ。

まずは英ロスチャイルド家だが、「交戦中の国家に対しては資金調達に協力しない」という家訓に縛られ、対日資金協力を直接行なうことはなかった。しかし仏金融市場におけるロシア側の外債募集状況や軍艦購入の試み等、日本側にとり貴重な情報を部下のアーサー・レヴィタを通じ高橋に伝え続けている。

レヴィタはロスチャイルド家と高橋をつなぐ連絡係の任を、当主ナサニエルから命じられていた。高橋自筆の「外債募集英文日記」の中に最も頻繁に登場するユダヤ人であり、滞英中の高橋と最も長い時間を共有した情報提供者、相談役だった。

次に人脈の中心カッセルが果たした役割をみてみよう。カッセルは当初、日本の国情に疎かったシフに対し、日本に投資するメリットを分かりやすく伝えた人物である。何よりも重要なことは一九〇五年五月と七月に、シフと高橋がエドワード七世に拝謁するお膳立てをしたことだ。席上、英国王は、「シフが日本公債を引き受けたことを非常に満足に思う」と述べた。この拝謁のニュースは、国際金融市場におけるシフ・高橋の立場を強める効果を持った。英米協調による対日借款を英王室が評価している事実を世界に向けてアピールし、日本公債購入への英米投資家の意欲を盛りあげたからだ。エドワード七世のユダヤ人脈が日本の命運を左右した一件と言っても過言ではあるまい。

ドイツへの広がりもみておこう。英米市場で日本公債が供給過剰となるや、シフは娘の嫁ぎ先、独ウォーバーグ家に打電し、ドイツ市場での販売を依頼した。ユダヤ系投資銀行家の結束は固く、血縁で結ばれた同族集団を形成していた。独皇帝からも信任厚いウォーバーグ家が販売を引き受けたことで、ドイツ市場での日本公債の売れ行きは好調となり、一九〇五年九月、ポーツマス講和会議での日本の外交的立場を強化した。ウォーバーグ家の協力は、講和談判が決裂した場合の備えとなったのだ。「強運の男」を自称する高橋は、日露戦争の資金調達でも強運だった。「エドワード七世のユダヤ人脈」を味方にできたからである。（＊34）

東洋のロスチャイルド家

エドワード七世の宮廷に集ったユダヤ人大富豪の中で、「東洋のロスチャイルド」と綽名されるのがサスーン家だ。初代デービッドが一八六四年に死んだ時、遺産は五〇〇万ポンド。英ロスチャイルド家初代の遺産六〇〇万ポンドに準ずる額だった。サスーン家発祥の地バグダードは、オスマン帝国内でテサロニキに次ぐ大きく豊かなユダヤ社会を擁していた。しかし新任総督との折り合いが悪く一八三二年インドのボンベイに移住する。皮肉にも家門の隆盛はここから始まる。

デービッドには八人の男子がいた。財閥発展の原動力は最も進取の気性に富んだ次男イライアスだ。イライアスを上海に送り込んだのは父デービッドの炯眼だ。今日まで続く上海ユダヤ社会の出発点は、従業員を引き連れてのこのイライアスの移住だった。他にも四男、五男を早くから英国へ留学させ、英社交界でサスーン家の広告塔の役割を担わせるなど、子供たちは父の「世界戦略」実現のため、巧みに役割を分担するのであった。

　サスーン商会の特色は、社主の故郷バグダードにルーツを持つ同族の若者だけを社員としてリクルートし続けた点だ。素姓、人柄も正確に把握できるので、商売敵に情報を漏らしたり、不正を犯したりする者が出現するリスクを大幅に抑えられる。若者たちはボンベイで修業を積んだ後、上海など中国各地の条約港に駐在員として派遣された。駐在地には社員とその家族のためにシナゴーグとユダヤ人学校が建てられた。学校にはユニオンジャックの旗が翻り、生徒たちはヘブライ語、英語、アラビア語で英国国歌の歌詞を習う。子供らの中で筋の良い者は、成人するとサスーン商会に雇われることになる。優秀な社員は親族でなくともマネージャー、共同出資経営者《パートナー》に出世できた。多くは独立して自前の商会の社主となった。出世頭は「極東の教主」と綽名され九〇〇人の従業員を抱えたサイラス・ハルドゥンと、「エリー卿」カドゥーリだ。嘉道利《カドゥーリ》財閥は今日でも香港を本拠とするビリオネアーズの地位を保っている。

　サスーン家の富の土台が、中国へのアヘン輸出・販売により築かれたことは公然の秘密だ。

　次にその経緯をみてみよう。

　長年アヘン貿易を独占してきた英東印会社は一七九六年、英臣民の民間商人にライセンスを売却してしまう。社の体面を損なう「汚れ仕事」から退き、民間に丸投げしたわけだ。ライセンスを取得し、最初に中国市場へのアヘン輸出・販売で中心勢力となったのが、インド生まれゆえに英臣民資格を持つ拝火教徒《パルシー》の商人だった。イスラム教徒による迫害を逃れ八世紀頃インドへ移住したペルシア系のゾロアスター教徒だ。しかし彼らはインド国内産業への投資の方が将来的により存続可能性が高いと判断し、一八六〇年頃までにアヘンから撤退した。

　次に覇権を握ったのがジャーディン・マセソン商会と、そのライバル、デント商会を中心とする英国人キリスト教徒の商人たちだ。しかし彼らも英国内におけるキリスト教宣教団体を中心とするアヘン貿易反対運動の高まりをリスクとみなし、一八八〇年頃までに撤退してゆく。この点、ユダヤ商人たちは宣教団体からの非難に打たれ強かった。「アヘン貿易は善きキリスト教徒の道に反する」という非難は、キリスト教徒ならざるユダヤ商人にとり痛くも痒くもなかったからだ。その結果、最後までしぶとく踏み留まったサスーン家を中心とするバグダード出自のユダヤ商人が一八八〇年代以後中心勢力となる。研究者の中には「サスーン家の独占」と表現する者もいるほどだ。

　当然、彼らは宣教団体からの厳しい非難に曝された。名指しで「ユダヤ商人」と非難されることはなかったが、上海のアヘン貿易は「ボンベイが英領となったことで偶然『英国商人』となった東洋系の人々の手中に握られている」と批判されたのだ。槍玉にあげられたユダヤ商人たちも黙ってはいなかった。宣教師たちは中国での布教活動失敗の責めを我々になすりつけているると言い返すのであった。

世論の逆風が強まる中、英国政府がこの貿易を支え、アヘン商人を長らく支援し続けた点は重要だ。英国の貿易収支にとりアヘンの利益は不可欠のものだったからだ。けれど新生中華民国のもと、全ての英国製品に対するボイコットのリスクが高まった時、英国政府は最終的に長年の方針を変える。段階的削減措置の後、一九一七年をもってアヘンの合法貿易は終了するのだ。

最大の収益源を失ったユダヤ商人だが既に備えはできていた。アヘン貿易で儲けた富を早くから不動産に投資してきたからだ。特にイライアス・サスーンはビジネスロケーションとしての上海埠頭の潜在的可能性にいち早く着目し、海沿いの土地を安値で取得、護岸工事を施した後、倉庫群を建設したのだ。既に一九〇〇年頃、上海市内二九ヶ所に六四・四エーカーの土地を所有していた。パレスホテル、ブロードウェーマンションズ、サスーンハウス等、今日まで残る歴史的建造物の多くは、サスーン家とその番頭筋ハルドゥン家、カドゥーリ家が所有する建物であった。他にも大規模集合住宅群の大半を彼らが所有した。

一九二五年上海を訪れた某米国人ジャーナリストは、上海の商業地・住宅地の凡そ半分を「バグダード出自のユダヤ商人」が所有していると報告している。同じ頃、上海のユダヤ新聞

『イスラエル・メッセンジャー』紙も、「上海の不動産に投資されたユダヤ資本は少なくとも四一〇万ドルに達している」と報じている。アヘン王から不動産王へ変身を遂げたわけだ。彼らは他にも金融業、公益事業に手を広げ、この間香港にも進出した。上海、香港が後に世界有数の金融センターへと発展する土台を築きあげた人々と言えよう。その中心がサスーン家だったのだ。（＊35）

南アフリカのダイヤと金の支配者たち

サスーン家はインドを本拠としたが、インドに次ぐ富を生み出した英領植民地が南アフリカだった。南アにおける二大ビジネスチャンスは、一八七〇年から始まるダイヤと一八八六年から始まる金の採掘ラッシュだ。このふたつで最大の儲けを得た集団が、ドイツ系ユダヤ人であった。注目すべきは、ダイヤで稼いだユダヤ人と金で儲けたユダヤ人の多くが同一人物であったということだ。彼らはまずダイヤで自己資金を蓄え、デ・ビアス鉱山会社によるダイヤの独占化が進むと扱う品目を金へと変えた。それではまずダイヤからみてみよう。

世界中から群がり集まった一攫千金組の中でユダヤ人がダイヤで主導権を握れたのは、原石取引に必要な専門知識がユダヤ社会の中で歴史的に蓄積されていたからだ。例えば後に「ダイヤ・黄金王」のひとりとなるハンブルク生まれのアルフレッド・バイトは、南アに来る以前、原石加工の中心、アムステルダムで研磨工として修業を積み、さらに鑑定士としてもスキルを磨いていた（エドワード七世のお気に入りへと大出世する人物だ）。バイトのようなユダヤ系のディーラー、仲買人は当初、個人単位で仕事をしたが、まもなくシンジケートを組織する。投機的性格の強いダイヤ取引でリスクを分散させるため、シンジケート化が不可欠だったからだ。南アのユダヤ系業者はロンドン、アムステルダムの原石バイヤーに上質の石を大量に供給できる立場を築き、バイヤーによる支払いが済むまで採掘業者への前貸しも行なうことで影響力を強めた。

このようなシンジケートの乱立状態を終わらせたのは、一八七三年と一八八四年、二度の世界不況だ。価格暴落により破綻に瀕した採掘会社の株を安値で買い集めた二人の傑物が、南ア産ダイヤの独占的供給者の座を巡り最終決戦を行なう。ひとりはデ・ビアス鉱山会社の社主、エリート英国人のセシル・ローズ。もうひとりはロンドンの下町ペチコートレーン出身で小商人の倅、ユダヤ人のバーニー・バーナトだ。やがて二人は互いの会社の乗っ取りを目指す買収合戦を始めた。一八八八年、勝利を収めたのはローズだ。

決め手はロスチャイルド家からの巨額資金供与だった。ダイヤ採掘業でも、銀行資本との結びつきのあるなしが決定的影響を持つようになったのだ。接点を持たなかったローズとロスチャイルド家の仲を取りもったのが上述のバイトだった。バイトはローズの植民地拡張路線に惚れ込んだ同調者だった。ロスチャイルド家が同族のバーナトではなくキリスト教徒のローズに肩入れしたのは、企業家として当然の判断だった。政府に食い込むことで巨大ビジネス利権を手に入れてきたロスチャイルド家にとり、ローズの政治力は二年後のケープ植民地首相就任を予感させるオーラを放つものであり、望ましいパートナーだった。一方、バーナトは強運に恵まれただけの成り上がりにすぎなかった。

この一件でロスチャイルド家はデ・ビアス社の取締役会に一族の者を送り込んだが、関係は蜜月とはならなかった。ローズ率いる山っ気の多い拡張主義一辺倒の役員たちと、慎重なロスチャイルド一族との口論が役員会で繰り返された。バーナトの退場によりユダヤの存在感は後退したかに見えたが、まもなく復活が始まる。一九〇二年のローズ病没後、「原石供給独占」というローズの夢を実現したのは、ユダヤ出自のアーネスト・オッペンハイマーだったからだ。オッペンハイマーは、ローズが築いたデ・ビアス社の株を買い占めることで社主に収まってしまった。

南アにおける富の源泉の二番目は金だ。経済史家Ｓ・チャップマンは一九〇〇年における南アの金産出地（ザ・ランド）を代表する金採掘企業の資本金額を分析、資本金額全体の五五・九％がユダヤ人が所有・経営する企業だったことを明らかにした。首位はウェルナー・バイト社で全体の三九・二％を保有。社主は上述のアルフレッド・バイトだった。因みに上述のバーナトが所有するバーナト兄弟商会は第三位四・七％を占め、ダイヤではデ・ビアス社との戦いに敗れたが、金採掘では存在感を放っている。目覚ましい成功の理由は、ユダヤ社会で中世以来続く、金銀地金《じがね》取引の伝統の他に、南アでは競争相手が少なかった点も指摘できよう。印僑はビジネスに優れた才能を持ちながら有色人種《カラード》への法的差別ゆえに企業活動は制限された。農民的出自を色濃く宿すボーア人は商売に疎く、英国系エリートはセシル・ローズのように二足の草鞋《わらじ》を履く者もいたが、軍人、植民地官僚が出世の王道だったからだ。

二〇世紀初頭になると南ア在住ユダヤ人四万人の内、実に大半が新来のリトアニア出身者で占められるようになっていた。一番人気の移民先、合衆国を目指す長旅の途中、不足した路銀を稼ぐため英国に逗留していた彼らの一部が、ゴールドラッシュの噂を聞きつけ、ファーストカマーとしてまずやってきたのだ。生活の基盤を築いた彼らは故郷に手紙を送り、芋蔓式《いもづるしき》に親類縁者を呼び寄せた。これを連鎖移民という。一八八〇年代、リトアニア・ユダヤ社会は南アへの移住ブームに沸き、イディッシュ語新聞は南アからの正確な特派員報告を掲載した。部族間抗争や砂嵐のリスク等を知りながら、それでも移民を惹きつけたのは東欧では許されていない企業活動の完全な自由を享受できたからだ。「自由の国」英国と比べても魅力的だった。数に勝る有色人種を抑え込むため、白人同士の違いはあいまいにされたからである。新聞は「ユダヤ人差別のない地」と報じている。

ダイヤと金を先着のドイツ系ユダヤ人に独占されたリトアニア系は、農村を巡回する行商に活路を求めた。その間、彼らが探し当てた世界市場で勝負できる特産品が、アンゴラ山羊から採れる柔らかい毛、モヘアと駝鳥の羽根だった。とりわけ駝鳥の豪華な尾羽根は婦人帽子の羽根飾りとして欧米で珍重された。彼らは既に行なわれていた野生種の捕獲でなく南アで飼育場を始めた。売れる部位は尾羽根の一部に限られたため、重量当たりの値はダイヤ並みとなった。一九〇〇年には金、ダイヤ、羊毛に次ぐ南ア第四位の輸出品となり、一九一二年、ロンドンに輸出された駝鳥の尾羽根は今日の金額で一億七五〇〇万ポンドに相当した。

同年、駝鳥の羽根飾りを婦人用帽子に装着する産業は、ロンドンだけで二万二〇〇〇人を雇用するエスニック産業に成長していた。九三ページの表2で確認したユダヤビジネスのクラスター現象はこのようなニッチビジネスでも確認できる。しかし今日まで続くダイヤ、金とは異なり、このニッチビジネスは短命に終わった。第一次大戦の勃発がこの優雅なファッションの流行を終わらせてしまったからだ。（＊36）

ガンディーを支えたユダヤの盟友

ユダヤ人たちが富の創造に邁進《まいしん》していた世紀転換期の南アフリカに、褐色の肌の青年弁護士が来住した。後に大英帝国による植民地支配に引導を渡すことになる「インド独立の父」ガンディーだ。英国支配と闘うため彼が編み出した画期的戦術、非暴力・不服従運動とは、英領南アでインド系移民労働者への差別撤廃運動に尽力する中で編み出されたものであった。当時をふり返りガンディーは、「私の周りには常にユダヤ人がいた」と回想している。

その言葉通り、若きガンディーの思想形成で最も重要だった南ア在住期（一八九三－一九一五）には、実に多くのユダヤ人が友人・支援者として彼を支えた。幾人かは共に官憲に逮捕された、文字通りの盟友だった。彼らはなぜガンディーを助け続けたのだろうか。

移民の人権問題がユダヤ人にとっても関心が高かった点は重要だ。インド系同様、ユダヤ系も、新来の移民としてホスト国に受け入れてもらうため苦労していた。ユダヤ系は白人種でインド系は有色人種という決定的な違いは存在したが、経済的に成功すればするほど、移住先の南アで嫌われてしまうという点では互いに共感できたのである。

視点を逆にして、ガンディーがユダヤの盟友を必要とした理由を考えてみよう。それは多様な出自を持つ南アのインド系諸集団をひとつにまとめあげる能力だった。宗教ひとつとってもヒンドゥー教、イスラム教、拝火教、キリスト教と多様で対立を繰り返すインド系を団結させる仕事は難事だった。この点、多様性を尊重する感覚を時代に先駆けて身につけてきたリベラル派ユダヤ人は頼りになる存在だった。様々な要求の中から「これこそインド系全体の要求だ」というものを絞り込む能力にたけていたのだ。

ロンドン－ヨハネスブルク間を頻繁に往来するユダヤエリートのネットワークに期待したという説明も可能だ。インド系移民に対する同情的世論を喚起するためには、南アだけでキャンペーンを行なっても効果は小さい。宗主国イギリスの世論を味方にせねばならぬ。そのためには継続的な英国遊説が必要だ。そう考えたガンディーが着目したのがこのネットワークだ。
最も頼りにした盟友ヘンリー・ポラクやハーマン・カレンバックはロンドンにも屋敷を持ち、そこを活動拠点として使わせてもらえた。盟友のひとり、ガンディーのもとで司法実務修習生を務めたルイス・リッチは一九〇六年一〇月、師の初遊説の下準備のため、ひと足先に訪英し、ガンディーが陳情すべき重要人物とのアポをとりつけ、スケジュール調整を行なった。ガンディーの非暴力思想形成において重要な感化を与えたのが文豪トルストイとの文通であったが、その橋渡し役を務めたのも、かねてトルストイと書簡を交わしてきたリッチであった。ロシアの反ユダヤ主義に抗議し、官憲により出版物を押収されたトルストイは当時、ユダヤ世界で大変な人気だった。

差別撤廃運動を盛りあげるためにはインド本国の民族主義者との連携も大切だ。南ア在住のインド系が置かれた劣悪な地位は、英国支配下のインドでインド人が置かれた立場と連動していたからだ。そう考えたガンディーがインドに送り込んだのは、インド人ならざるポラクであった。所属カースト、宗教、民族により幾重にも人々が分断されているインド社会では、自分の名代《みょうだい》としてどのような「インド人」を送り込んでも反発は必至だ。それを考慮してのポラクの登用だった。一九〇九年七月から始まるインド遊説で、ポラクは南アのインド系への差別を告発するとともに、各地の指導者と会見して協力を求め、義援金集めに奔走した。南アにおける同胞の差別が続くならば、「インド人は大英帝国のパートナーをやめるべきだ」というガンディーのメッセージを伝えた。またガンディーが唱導する非暴力・不服従運動の何たるかをインド民衆に知らしめ、将来インドでもそれを行なうべきだとも訴えた。ユダヤ系は大英帝国の体制を支える側としてだけでなく、体制変革の担い手の中でも大きな存在感を示していたことを伝える逸話だ。

　米黒人公民権運動に対し在米ユダヤ系が果たした支援の大きさについては、邦語でも様々な文献が取り上げてきた。しかし大英帝国領内でのインド系移民の人権擁護活動にユダヤ系が果たした役割を紹介した邦語叙述を、筆者は寡聞にして知らない。本項はその嚆矢《こうし》となるであろう。（＊37）

バルフォア宣言の立役者

　二〇世紀初頭、英国ユダヤ社会ではシオニズムが隆盛を迎える。シオニズムとは、ユダヤ人をパレスチナに移住させ、ユダヤ人国家を設立しようとする運動だ。それにはひとりの人物の登場が必要だった。ハイム・ヴァイツマンだ。彼が「現代シオニズムの父」と称えられるのは、英国政府にバルフォア宣言を発表させた仕掛け人だったからだ。それは現代ユダヤ史の転換点となる出来事だった。

初代イスラエル大統領に就任するため一九四八年秋に出国するまで四〇年以上、彼は英国に居住した。英国籍を取得し、英国を活動拠点としたのには偶然と必然、ふたつの理由が存在した。白ロシアに生まれた彼の若き日の目標はふたつあった。化学者になることとシオニズム運動の指導者となることだ。学位取得後、ジュネーヴ大学で無給の私講師という不安定な職にあった彼は、ふたつの求人に応募した。パレスチナにある高校の理科教諭と英マンチェスター大学講師の口であった。前者は常勤職を得ながら同時にシオニズム運動の現場に身を置ける願ってもない話だった。しかし他の候補者が採用され、結局ヴァイツマンは次善の就職口、マンチェスターに赴任した。

パレスチナは、イスラエル王国が古代に建国された地であるがゆえに、「国なき民」ユダヤ人にとり、国家復興の候補地とみなされていた。もし彼がパレスチナに赴任していれば、シオニズムのその後の歴史も大分変わっていただろう。偶然が歴史に及ぼす影響、あるいは個人が歴史に及ぼす影響を考える際、興味深い事例と言えよう。

彼の英国行きには必然的理由もあった。一一歳の時、ユダヤ人学校の課題で書いたパレスチナ帰還運動を称える作文で、頼りにならぬ欧州諸国の中で「英国は我々に対し哀れみを抱いている」と述べ、英国を特別な国と評価しているくだりが確認できる。多感な少年ヴァイツマンが英国を理想視したのにはわけがある。在英ユダヤ人の指導者モーゼス・モンテフィオーリがロシア帝国のユダヤ人迫害をやめさせるべく度々介入を行ない、そうした義挙を英ビクトリア女王が称えていた様子が、新聞報道を通じよく知られていたからだ。寄る辺なき自分たちに気をかけてくれる英国を特別視する風潮が、東欧ユダヤ社会に生まれていたのだ。

一九〇三年一〇月、妻にあてた書簡の中で彼は、「もし救いが訪れるとするなら英国人たちからだろう。英国人たちはシオニストが自身の願いを実現しようとする時、間違いなく助けてくれるだろう」としるしている。バルフォア宣言より一四年も前に、彼は英国こそユダヤ人がパレスチナで「民族的郷土《ナショナル・ホーム》」を建設する際、後ろ楯になってくれる大国であると既に予感していた。一九〇四－一六年、ヴァイツマンが居を構えたマンチェスターには、英国第二のユダヤ社会があった。ヴァイツマンは同市を英国シオニズムの予行演習場にするつもりであった。大手小売業マークス&スペンサーの社主一族で地元在住のマークス家、シーフ家の当主たちは、ヴァイツマンに魅了され熱烈なシオニストになった。両家はヴァイツマンの主張に耳を傾けるよう政界に働きかけた。

その甲斐あって、一九〇六年には元首相のバルフォアと下院議員アルフレッド・ロスチャイルドが面会に訪れた。ヴァイツマンは、英国の政治家の中には助力を期待できる人々が確かに存在するとの確証を強めた。アルフレッドは熱心なシオニストとなったが、ロスチャイルド家の主流はシオニズムに慎重だった。パレスチナ移住熱がユダヤ大衆の間で高まれば、「それみたことか、やっぱりユダヤ人は英国に同化しようとせぬ分離主義者だ」と、反ユダヤ主義者の思うつぼになってしまうことを恐れたからだ。英国への同化を重視するユダヤエリートには見過ごせぬ事態だ。また何よりも現実主義者のロスチャイルド家にとり、オスマン（トルコ）帝国がパレスチナを支配している限り、そこでの「ユダヤ国家」建設など絵空事と思えたからだ。

　ところが一九一五年、第三代当主ナサニエルと第四代当主ウォルターの態度が一変する。同化主義者ゆえの慎重論から熱心なシオニストへ激変するのだ。背景には第一次大戦勃発後、パレスチナ戦線でトルコ軍と戦う英軍優位の戦況があった。早晩、トルコによるパレスチナ支配は瓦解する。それは「ユダヤ国家」建設にとり二度とない好機となる。この機を逃す手はない。現実主義者ロスチャイルド家のしたたかな計算が働き、それが信仰篤いユダヤ教徒でもあった彼らの心底に潜むイスラエル回復の夢に火をつけた。同家の中で議席を持つ者は閣議に陪席し「パレスチナを『ユダヤの祖国』とするよう」力説したのだ。

　英国シオニスト連盟会長（名誉職）の任にあるロスチャイルド家のウォルターは、ヴァイツマンに頼まれて英国政府首脳あてに要望書を提出した。金看板のロスチャイルド家の名が効いた。要望書に対する政府首脳からの返答書が、かの有名なバルフォア宣言（一九一七年一一月二日）だった。それは、「英国政府がパレスチナにユダヤの（民族的）郷土を作ることに賛同し……目的達成のため最大限の努力を約束した」文書であった。差し出し人は外相のバルフォア、受取人はウォルター・ロスチャイルドであった。ウォルターは「郷土」より「国家」としたかったのだが、細部で揉《も》めるより早く成果をあげることを優先し受諾した。

この文書はシオニスト世界で熱狂的に受け入れられ、ヴァイツマンを最有力の指導者へと押し上げた。「宣言」を発表した英国政府の狙いを指摘しておきたい。第一は大戦を乗り切るため、ロスチャイルド家を筆頭とする英米ユダヤ財閥と密接な関係を築くこと。第二は中東に英国の友好国を築くことであった。スエズ運河防衛の北の守りとしてパレスチナは重要だ。そこに同盟国を配置することは地政学上重要な選択であったからだ。（＊38）

シオン騾馬隊

シオニズムに対するユダヤ人大富豪の肩入れについては前項で明らかにしたので、次に運動の現場を支えた末端のシオニストの姿をみてみよう。シオニストにとり好機到来となったのが第一次大戦だ。独墺と同盟して英国に敵対するトルコが負け組となれば、トルコ支配下のパレスチナに英国の後ろ楯を得て、ユダヤ人国家再建の道が開けるやもしれぬ。そう考えたシオニスト指導者トルンペルドールらは、英軍の一員として戦うユダヤ人部隊の設立許可を求めた。「ユダヤ人国家」の建国承認をとりつけるためには「ユダヤ人だけの部隊」を作り武功を立てる。これが英世論を味方にする近道と考えたからだ。

しかし当時の法律は、英国籍者と英植民地人以外が英軍内で戦闘任務に就くことを禁じていた。そこで考え出された法の抜け道が、「戦闘に直接参加せぬ輜重《しちょう》隊」の設立だった。募兵はエジプトのアレクサンドリアでなされた。ユダヤ難民が蝟集《いしゅう》していたからだ。大半はロシアからパレスチナへ移住した若いシオニストで、トルコの圧政を逃れてきた者たちだ。当然「トルコ憎し」の思いは強かった。彼らの指導者トルンペルドールは「祖国解放の先駆けとして血を流して戦おう」と熱弁をふるい、入隊を呼びかけたのだ。これに応じたある若者は「神の名においてイスラエルのために戦う覚悟はできております」と語り、志願書に署名した。

こうして発足したのが対トルコ戦線で活躍するユダヤの輜重隊、シオン騾馬《ラバ》隊だ。前線の兵士に軍需品を運び、帰路には負傷兵をラバの背に乗せて戻る任務であった。英史上初のユダヤ部隊設立に気を良くしたユダヤ人大富豪が資金面で協力してくれることを、英軍上層部は期待した。また離散ユダヤ人が古代の祖国を取り戻すことを宗教的理由から応援する、キリスト教シオニストによる戦争協力も期待した（キリスト教シオニズムは合衆国を除けば、英国は他国に類を見ぬほど強かった。一七世紀以後広まったピューリタニズムの神学的影響が大きかったからだ）。結果、隊長に任命されたのは、名高い在英シオニスト、パターソン中佐だ。中佐は古代ユダヤの英雄に心酔し、いつの日かユダヤの軍勢を指揮したいと夢想する人物で、隊の徽章に「ダビデの星」（ユダヤ教を象徴する星形）を選んだのも彼の発案だった。隊長、副隊長を除く一三人の将校の内八人、五六二人の兵全員がユダヤ人だった。

一九一五年四月、シオン騾馬隊はガリポリの戦場へ向け、七五〇頭のラバと共に船出した。そこはバルカン半島東南端。イスタンブル侵攻には避けて通れぬ要衝だ。任務は熾烈を極めた。七〇キロの重荷をラバの背に載せ、岩だらけの坂道を人とラバが一列縦隊でゆっくりと進む。敵の砲火を避ける術《すべ》はなかった。アレクサンドリアで募兵に応じた件の若者は二頭のラバの手綱を引き弾薬を運んでいた。目的地に辿り着く直前、榴散弾の破片を浴びたが手綱を放さず、ラバもろとも味方の塹壕に転がり込み任務を全うし、後日絶命した。

シオン騾馬隊は公式には銃撃戦への参加は禁じられていたが、自衛のため小銃、弾薬は支給されていた。それゆえ、傍観を許さぬ戦場の現実は隊員たちに禁令を破らせた。塹壕にこもる友軍歩兵が敵弾に倒れる中、シオン騾馬隊員が加勢して銃撃に加わり、トルコ兵を撃退する場面も随分あった。被害は甚大で、一九一五年末、撤退命令が下された時、稼働人員は将校七人、兵一二六人にまで激減していた。武功は合衆国にまで伝わり、注目を集めた。元大統領T・ルーズヴェルトはパターソンのもとに教えを乞う手紙を書き送っている。米軍内のユダヤ兵をどうすればシオン騾馬隊員のような立派な兵士にできるのか知りたがっている文面だった。

遠征英軍司令官ハミルトンも、「塹壕で戦う兵士より一層困難な状況下で勇気を示した」と称賛している。反面、日記の中では「シオン騾馬隊は英国の大義（この文脈ではトルコ打倒）に加わるようユダヤ大富豪を誘い出す餌の役割を果たしている」と冷徹な認識も示している。このような軍上層部の体質に鑑みれば、戦死者の遺族に対する慰労金の支給額が英国人兵士と比べ、不当に減額されていたとしても驚くには当たらない。パターソンは増額を求め、英下院や新聞社に訴え続け、英陸軍省が三年分の慰労金支払いに同意するまで訴えをやめなかった。（＊39）

ユダヤ歩兵大隊

当初、パレスチナ解放のため英軍麾下で戦闘任務に就くことを熱望した若きシオニストたち。彼らは「対トルコ戦線はどこであれシオンに通じる」と諭す指導者トルンペルドールの意見に従い、輜重兵として参戦することで英世論の好意を得ようとした。

風向きが変わったのは一九一七年。非英国籍者の戦闘部隊参加を認める法が施行されたのだ。これにより戦闘任務に就く三つのユダヤ歩兵大隊（第三八、第三九、第四〇、計五〇〇〇人）の設立が認められた。七月、英陸軍省は、シオン騾馬隊の隊長を務めたパターソン中佐に最初の大隊、第三八大隊の募兵を命じた。隊員一五〇〇人の中核はシオン騾馬隊の生き残り一二〇人だった。彼らは一九一八年二月、パレスチナ作戦の終盤に参加すべく、英領エジプトに上陸した。

パターソンは部下思いの大隊長だった。視察に訪れた某准将が兵士のボタンの汚れを見とがめ、「汚いユダヤめ」と侮辱の言葉を発した時、直ちに兵に銃剣装着を命じ四方を囲ませ、謝罪するまで囲みを解かなかった。パターソンは部下のユダヤ兵に真の愛情を注ぐキリスト教シオニストであった。けれど率直なユダヤびいきの姿勢は軍上層部に嫌われ、昇進の道は閉ざされていた。

エジプトでの訓練を終えた第三八大隊が最初で最後の実戦に投入されたのは一九一八年九月。ヨルダン川浅瀬の渡河地点を守るトルコ軍を駆逐し、橋頭堡《きょうとうほ》を占拠する任務だ。この成功により英軍本隊の東進が可能となり、その後のダマスクス占拠とパレスチナ方面におけるトルコ軍崩壊を導いた。第三八大隊は「目覚ましい功績」を挙げたとは言えぬものの、地味な働きで味方の勝利に貢献したと言えよう。

しかし続く第三九大隊には実戦の機会すらほとんど与えられなかった。捕虜の護送と監視という「ありがたくない仕事」が主な任務だった。第四〇大隊に至っては、大戦終結時に兵の入営が完了しておらず、働きの場さえなかった。実戦投入の遅れは英軍上層部の差し金だった。

ユダヤ歩兵大隊のパレスチナ方面での実戦配備は、アラブ側に動揺を与えると判断したのだ。当時、アラブ軍は英将校「アラビアのロレンス」により指導を受け、英国の友軍として中東各地でトルコ軍と戦っていた最中だった。ユダヤ歩兵大隊の設立を認めながら実戦投入を遅らせるという相矛盾する措置は、ユダヤ・アラブ両勢力に同時に秋波を送らざるを得なかった英国の苦肉の策だったと言えよう。

　ではユダヤ歩兵大隊の歴史的意義はいかなるものだったのか。武功は慎ましいものであったが、シオニストたちのプライドの拠り所となったこと、とりわけ全世界のユダヤ社会にシオニストの大義を広める上で大きな宣伝効果を果たした点は重要だ。また後に「イスラエル建国の父」となる若者たちが一堂に会し、共に成長する鍛錬の場となった点も重要だ。初代首相ベン・グリオン、三代首相エシュコル、二代大統領ベン・ツヴィ、初代参謀総長ドリ、労働党党首カツネルソンら、錚々《そうそう》たる人材が兵卒として参加している。彼らは軍務の中で指導者としての資質を磨き、建国運動を軍事面で支えるための具体的方策を模索し始めた。

　とりわけベン・グリオンとエシュコルにおいて、大隊への志願が、戦後のパレスチナ情勢を見据えて、同地にユダヤの民兵隊を設立するための下準備として明確に意識されていた点は重要だ。実際、彼らと気脈を通じる第三八大隊の元隊員たちは戦後、ユダヤ人入植地をアラブ・テロリストの襲撃から守る自衛組織ハガナ（防衛を意味する）を設立した。このハガナこそ今

日、中東最強とうたわれるイスラエル国防軍の源流に他ならない。（＊40）

ユダヤビジネスの歴史的変遷

前章末で既に述べたように、一七－一八世紀、英国ユダヤエリートの間で最も重要なビジネスは東印からのダイヤ輸入と兵站業務だった。前者が衰退する理由は、一八世紀末に原産地インドからの供給量が減少したからだ。後者については、職業軍人の世界で補給担当者のプロフェッショナル化が進み、ユダヤ商人への外注が減少したからだ。

衰退した両者に代わり、一八世紀末以後、代表的ユダヤビジネスとなるのがマーチャントバンキング部門だった。その担い手はフランクフルトやハンブルクなどの国際商業都市で両替、銀行業のスキルを磨き、商機を求め渡英したドイツ系のユダヤエリートであった。きっかけはナポレオン戦争だ。英国政府にとり空前絶後の資金調達が必要になったからだ。この機に乗じて、古くから威勢をふるってきた非ユダヤ系の雄ベアリング商会に代わり、ロスチャイルド家に代表されるユダヤ系が政府への貸付・送金業務で主役に躍り出た。

ユダヤ系が成功したのにはわけがある。情報伝達手段が未発達で情報量自体も不充分なこの時代、他国に住む宗教と民族を同じくする同胞たちとの間にネットワークを構築し、そこから多数派ネイティブ白人が知り得ぬ投資情報をいち早くキャッチできたからだ。その代表がナポレオン戦争期に台頭したN・M・ロスチャイルド商会だ。欧州の主要都市パリ、フランクフルト、ウィーン、ナポリに「拠点」を構える兄弟たちとの間に築いた通信網を武器に台頭する。彼らの活躍により、一八世紀のアムステルダムに代わりロンドンが国際金融の新たな中心となるのだ。

英投資銀行家の世界でユダヤ系の存在感は突出していた。英ロスチャイルド家の創始者ネイサンが死亡する一八三六年から第二次大戦が勃発する一九三九年までの間、シティ（ロンドン金融市場）で活躍した個人資産一〇〇万ポンド以上を保有する投資銀行家は僅か三一人に止まるが、その中でユダヤ系は、素姓を明らかにした者だけでも二四人（一〇人はロスチャイルド家）を数える。最大の資産家は六〇〇万ポンドを残したネイサン・ロスチャイルドであった。

因みに他の業種を含めた富豪全般でみてもユダヤ系の存在感は大きい。一九〇〇－一四年の英国では、人口の僅か〇・五％にすぎぬユダヤ人が個人資産一〇〇万ポンド以上の大富豪層（王族・旧貴族を除く）に占める割合は、実に一五％にも上った。このユダヤの百万長者たちは「カズンフッド」（従兄たち）と呼ばれる、相互に婚姻でつながったドイツ系とセファルディの家族であった。新参の東欧系はいまだ地位確立途上にあった。

英国ユダヤ系投資銀行が衰退するきっかけは第一次大戦だった。戦後、一大債権国となった合衆国のウォール街こそシティに代わる新たな国際金融の中心となったからだ。また第一次大戦とその後に続くロシアやドイツでの革命、内乱の多発、ファシズムの台頭が、彼らの御家芸、公債の引き受けを危険きわまりないビジネスに変えてしまったことも大きい。貸付先の政府自体が消滅する事態が発生したからだ。加えて彼らの武器は情報伝達網だったが、ロイターなど国際通信社の出現で、一般人でも情報が入手できるようになったことで彼らから優位性を奪ってしまった。

彼らの近況だが、一九八〇年代以後、金融のグローバル化が進み、米系を中心とする外国勢に押される中、ロスチャイルドのみは老舗としてのブランド力を保ち、一定の存在感を示していると言えよう。

両大戦間期、ユダヤビジネスの新たな顔となったのが、マークス&スペンサー、テスコに代表される大手小売業だった。創業者は行商、露店商から身を興した貧しい東欧系移民であった。それは本国以来の彼らのエスニックビジネスであったと同時に、華やかなマーチャントバンキングを先着のドイツ系ユダヤエリートに独占されたため、仕方なしに就いた仕事でもあった。しかし、その選択は幸運を招いた。一九二〇年代になり大量消費社会が出現した時、古くからこの業界の底辺で地歩を築いてきた東欧系は、ふって湧いたビジネスチャンスをいち早く我が物とすることができたからである。同様に東欧系はオデオンやグラナダに代表される映画館チェーン等の娯楽産業やＪ・リオンズなどの飲食店チェーンでも重要な役割を演じた。いずれも格下の産業として、エリート白人やドイツ系ユダヤ人が見向きもしなかった業種である。

同じ両大戦間期、英ユダヤビジネスエリートの世界で主導権に変化が生じた。マーチャントバンカーの斜陽化と、彼らに代わる重化学工業の社主・経営者の台頭である。その顔ぶれはシェル石油の創業者で、ロンドン市長を務めたマーカス・サミュエル、マーガリン製造から始まり、食品・日用品の世界的企業へと飛躍した英蘭ユニリーバの創業者サミュエル・ヴァン・デン・バーグ、世界屈指の化学メーカー、インペリアル化学工業設立の中心人物で閣僚経験者でもあるアルフレッド・モンドである。皆ユダヤ社会の指導者として自覚を持って行動した。ヴァン・デン・バーグはユダヤ民族信託の副会長を務め、英国シオニスト連盟会長に選ばれた。アルフレッド・モンドは熱心なシオニストで、彼の支援を称えるためイスラエルには「モンドの丘」と命名された町が作られた。

けれどこれらの企業では創業者の引退と共に、経営権・所有権がユダヤ人である社主一族の手を離れてしまう。今日では「ユダヤ系企業」としての性格は消滅し、社主の顔が見えぬ集団指導体制の多国籍企業となってしまった。「ユダヤ系重化学工業」の台頭は短命に終わってしまったと言えよう。

今から一〇〇年前に勃興し、今日に至るまで代表的ユダヤビジネスであり続けているのが企業買収だ。企業を一から育てブランドを築くまでには大変な労力と時間がかかる。利にさといユダヤ系はそんなまどろっこしいことはやらない。優れた製品・サービスを生み出す力がありながら、経営陣が失策を重ね株価が下がった企業に狙いを定めて買収攻勢を仕掛け、ブランドを手に入れる。最も有名な買収屋がチャールズ・クロアだ。一九二四年から買収を始め、七七年の引退時には傘下に収めた企業の従業員は五万人、靴小売業界の二五％を占有した。買収した企業を経営するだけではない。得意技は買い集めた株を当該企業の経営陣に高値で買い取らせ利鞘を稼ぐ手法だ。

この手法を非ユダヤ系も模倣したことで、一九五〇年代の英国で企業買収ブームが始まる。当時のシティでは敵対的買収は紳士のやることではないとみなされ、クロアは非難の矢面に立たされた。しかしサッチャー政権下、新自由主義思想が浸透する中、クロア流の買収は生産性向上、企業価値向上に貢献したと評価されるようになる。

第二次大戦後、英国ユダヤ最大の稼ぎ場となるのが不動産業だ（合衆国と全く同じだ）。業界ジャーナリスト、O・マリオットは著書『不動産ブーム』の中で、一九四五－六五年の間、個人資産一〇〇万ポンド超を蓄積した不動産長者一〇八人の出自を調査した結果、七〇％をユダヤ系と推定している。彼らが築いた摩天楼の出現により、英国主要都市の外観は一変する。彼らがこの業界に集中したわけは、電話一台で始められる初期投資がかからぬビジネスで、自己資金に乏しい移民企業家に向いていたからだ。また「エリートにふさわしからぬ仕事」とみなされていたので、マイノリティ出身者を排除する障壁がなかった。ハイリスク・ハイリターンの性格がユダヤ系の気質にあっていた点も理由に挙げられる。

高学歴専門職志向が顕著だった東欧系ユダヤ移民の第二・第三世代の若者の中でも、医師・弁護士になれたのは恵まれた者たちだ。その道を諦めざるを得なかった若者にとり、不動産業は手っ取り早く稼げる商売でありながら、法律知識を必要とする点で専門職的性格をあわせ持った、魅力ある仕事だった。

東欧系の子孫ではなくドイツ系のホロコースト難民がもたらしたのが、九三ページ表2左下の毛皮取引だ。一九二〇年代、世界の毛皮取引の三分の一はライプチヒを舞台にユダヤ系により営まれていた。けれどナチスが実施したユダヤ系企業没収政策により事業を奪われ、命さえ危機に瀕したのだ。一九三八年に起きた「水晶の夜」（ドイツユダヤ人の生存を脅かした反ユダヤ暴動）の直後には、多くの毛皮業者がロンドンに亡命。以後ロンドンは欧州における毛皮産業の中心となり、ライプチヒは二度とその地位を取り戻せなかった。ナチスのユダヤ人迫害が英国に恩恵を及ぼした産業と言えよう。

本項の最後に貧しい東欧系ユダヤ移民が最も集中した被服産業をみてみよう。これは母国から持ち込んだ仕立屋《シュナイダー》の伝統に根差すものだ。母国ポーランド、リトアニアでは、被服仕立業はユダヤ人のギルド結成が許された数少ない業種だった。そのため既に一八世紀半ば、母国では東欧系ユダヤ人のエスニックビジネスへと成長していた。同様に家具、靴、帽子も東欧系ユダヤ人が母国在住時から携わり、渡英後もその職業的伝統を継続した業種であった。多くの東欧系は夏場は行商人として農村地域を巡回して稼いでいたのだが（条件の良い都市部の行商は許されていなかった）、冬場は積雪で道はぬかるみ行商は困難となる。そこで冬場をしのぐ内職として家具作りが始まり、数世紀続く彼らの伝統産業となる。そのスキルが移住先の英国にももたらされたというわけだ。（＊41）

第四章　現代

——ユダヤパワーの持続可能性

サッチャー首相と
彼女を支えたユダヤ系閣僚
出典：Robert Philpot,
Margaret Thatcher The Honorary Jew
(Biteback Publishing 2017)

チャーチルのシオニズム

英国シオニズム研究の泰斗、B・ワッサースタインは、英国のいかなる政治家も、チャーチル以上にシオニズムへの一貫した支持実績を持つ者はいなかったと述べる。

チャーチルはバルフォア宣言の実施を終始擁護し続けた。それはパレスチナでのユダヤ人国家建設を英国政府が約束した文書で、条文作成者はチャーチルの盟友でユダヤ出自の保守党議員レオポルド・アメリーだった。イスラエル建国を導くことになるパレスチナ分割案が一九三〇年代に出された時、チャーチルはそれを支持した数少ない政治家のひとりだった。そして分割予定のユダヤ領に広大なネゲブ砂漠を含めるよう主張した。それは南方の脅威エジプトに対する安全保障上の配慮からだった。また植民相在任中には、アラブ側の悪感情を宥《なだ》めるため人数を制限しながらも、ユダヤ移民の受け入れそのものを継続させた点も重要だ。

彼がシオニズムに肩入れした理由として最も人口に膾炙《かいしや》した説は、「中東における勢力拡大の先兵としてシオニストを利用しようとする英国の都合」説だが、本稿ではこれを省き、一般に知られていない説を次に検討しよう。第一は宗教的理由で、イスラエル建国を応援するキリスト教福音派の影響によるという説だ。これはロイド＝ジョージとバルフォアに当てはまる。両者は幼少期から福音派の影響を強く受けてきた。因みにバルフォア宣言は、この二人が首相・外相となったタイミングを捉え、シオニスト指導部が承認を求め提出したものであった。チャーチルも閣僚の一員として承認する側に回ったが、実は彼はそれほど福音派の影響を受けてはいなかった。

より重要な第二の理由は、「親代わりのユダヤ人大富豪たちに取り込まれてしまった」という説だろう。チャーチルの両親は、エドワード七世の宮廷に集ったユダヤの腹心たちとは肝胆相照らす仲だった。早死にした父の代わりに、ロスチャイルドやカッセルは「親代わり」として若きチャーチルの面倒をみ続ける。公認伝記作家M・ギルバートによれば、下院議員選出馬費用、南アフリカ特派員として旅立つ際の支度《したく》金、作家生活に必要な書斎とタイピストの給与と、至れり尽くせりの支援だったという。これではユダヤ人大富豪たちの主義主張に取り込まれぬ方が難しい。事実、チャーチルはユダヤ教の宗教倫理とシオニズム理念に共鳴し、終生、高く評価し続ける。

若手議員時代、マンチェスター北西部を選挙区（有権者の三分の一はユダヤ人）として当選した頃、培われた交友関係も無視できない。英国第二のユダヤ社会を擁する同市は当時、英国シオニズムの中心地だったからだ。後に初代イスラエル大統領となるヴァイツマンが、同市の大学に職を得た関係で活動拠点となったのだ。両者の出会いは一九〇五年、ロシアのユダヤ人迫害への抗議集会だった。意気投合した二人の交友は終生続き、ヴァイツマンはチャーチルを親イスラエルへ誘導し続けるのであった。

　そしてシオニズムへ肩入れした恐らく最大の理由は、社会主義に対する解毒剤に使えると考えたからだ。チャーチルは、ロシア革命とそれに触発された英労働党の躍進を、西欧文明と民主主義に対する深刻な脅威とみなしていた。ロシア革命で重要な役割を果たしている東欧系ユダヤ人らは英国にも大挙来住して労働党躍進の先兵となった。彼らが社会主義に傾倒したのは、所謂《いわゆる》ユダヤ人問題（貧しいユダヤ人に対する搾取・差別）を解決するための有効な手段と考えたからだ。だとすれば彼らを別の解決策（パレスチナに集団移住させ安住の地を築く）に向かわせることができれば、社会主義の呪縛から解き放てるのではないか。チャーチルはそのように考えたのであろう。

　気付かせてくれたのは上述のヴァイツマンだった。ヴァイツマンは以前から「ユダヤ社会主義」への対抗策としてシオニズムを唱えていたからだ。イスラエル建国後、「ユダヤ社会主義」は時と共に衰え、ネオコン思想と結びついた右派シオニズムが今日隆盛を迎えている。現実の歴史の流れは、チャーチルの目論見通りに進んだわけだ。

　一九四〇年代後半、チャーチルが首相の座にいなかったことは、シオニストにとり不幸だった。労働党アトリー政権は、チャーチルがシオニストと交わした約束を次々と反故《ほご》にしてしまった。見かねたトルーマン米大統領が一〇万人のユダヤ難民のパレスチナ入国を認めるよう迫ったが、アトリーは馬耳東風であった。もしチャーチルが一九四五年の総選挙で勝っていれば、英国はイスラエル建国に対しより寛大に臨み、独立戦争でのイスラエル側の戦死者もより少なかったであろう。ユダヤ民族の生き残りにとり、チャーチルの支援は掛け替えのないものだったのである。（＊42）

イスラエル・ダイヤ産業の出発点

一九三九年、ボロをまとった二人の難民がパレスチナのハイファ港に下り立った。所持品検査で税関吏は、小さなガラス片らしき物が沢山詰まった封筒をみつけ訊問した。二人はアントワープから来た研磨工で、封筒の中身はパレスチナで研磨しようと持参したダイヤの原石だと打ち明けた。その仕事のため小さな工房を借りる必要がある。誰か協力してくれそうな人はいないかと尋ねた。税関吏は知り合いでナタニヤ市の市長、オヴェド・ベン＝アミを紹介した。企業家精神旺盛な人物だったからだ。面会に漕《こ》ぎつけた二人は、ダイヤのカット・研磨は小資本で足りること、必要なのは基本的な工具、明るい陽光、熟練労働力と原石の供給元だと説明した。早速ベン＝アミは仕事場をあてがい、当座の生活費を渡した。

　最初の三つはパレスチナでも入手可能だ。問題は原石の入手方法だった。そこで業界事情を調べると、デ・ビアスという会社が世界のダイヤ原石供給を独占し、同社は原石の大半をアントワープに送り、ベルギー在住者の手で加工・研磨させるという条件で、ベルギー政府と協約を結んでいたことが分かった。そのため、パレスチナがベルギーの競争相手となることをデ・ビアス社が許す可能性は低いと考えられた。

だがベン＝アミは諦めなかった。ナチスの魔手を逃れてきた同胞に避難所と雇用を与え、パレスチナに新たなダイヤ産業を創出しようとする自分のアイデアに、ユダヤ世界の指導者は同情してくれるであろう。何よりも金属加工に不可欠な工業用ダイヤの獲得は、ドイツとの戦いに備え、兵器増産に励む英国にとり急務の課題である。英国政府の協力は得られるはずと確信していた。ベン＝アミはまずパレスチナ駐在の英高等弁務官に対し、最重要戦略物資、工業用ダイヤの生産はナチス打倒に不可欠で、ユダヤの職人が独軍に捕まり、ナチス軍需産業の支え手にされぬよう助けることは英国の国益になると訴えた。そしてアントワープのユダヤ職人のパレスチナ即時移住に便宜を図るよう頼んだのだ。

期待通り、高等弁務官は入国ヴィザ発給に同意した。職人をアントワープで選別しパレスチナに送る作業、完成品の英米への輸出も英国政府協力のもとに行なわれる手はずとなった（連合軍の兵器廠《しょう》、米軍需産業の工業用ダイヤ備蓄は一年分しかなかったからだ）。英国政府によるこのあと押しはパレスチナへのユダヤ難民の流入に対し、「白書《ホワイトペーパー》」による厳しい入国制限を課したことに対する、シオニスト勢力への埋め合わせの意味もあった。

次なる課題は原石供給の許可獲得だ。早速ロンドンに赴きデ・ビアス社説得にかかった。

しかし専務ハリー・エイブラムズは、ベルギー政府との協約を楯にとりあわなかった。そこで伝手《つて》を頼り、会長の弟、オットー・オッペンハイマーに面会し、ダイヤ産業のためばかりでなく、ユダヤ民族の一員としてパレスチナ発展のため一肌脱いでくれないかと訴えた。必死に食い下がるベン＝アミに根負けしたオットーは、デ・ビアス本社を口説いてみようと約束する。実はオットーが心配したのは、英国内の各方面でしつこく陳情を繰り返すベン＝アミの活動により、英植民地省がダイヤ原石の供給の流れについて精査を始めるのではないかということだった。精査が及ばぬようにするためには、うるさい厄介者を早く追い払わねばならぬ。そう判断したオットーとエイブラムズは、パレスチナでの研磨用に少量の小粒原石の供給を許した。

状況を一変させたのは一九四〇年五月、独軍のベルギー、オランダへの侵攻だ。研磨の中心アントワープ（アムステルダムにも三分の一規模の研磨センターがあった）が独軍の手に陥《おち》たことで、代替地パレスチナの重要性はにわかに高まった。一九四一年には多くの難民が押し寄せ、安価な労働力確保にもこと欠かなくなった。最大の加工地、アントワープを失ったデ・ビアス社はパレスチナに頼らざるを得なくなった。世界に冠たるイスラエル・ダイヤ産業の出発点はこうして整えられたのだ。

余剰労働力を抱えたパレスチナでは、ダイヤの研磨工房はアントワープのそれと異なるシステムで運用可能となった。分業制の導入により、短期間のうちに育成された練度の低い徒弟が戦力化されたのだ。アントワープでは、徒弟に採用してもらうためには最低二年の修業が必要だった。徒弟はあらゆる種類のダイヤ原石を扱い、しかも研磨、カットの技、全てを身につける必要があった。一方、パレスチナでは作業工程は幾つかに分割され、その中のひとつを身につければ有資格とされた。この分業化により徒弟の育成期間は半年に縮められた。未経験の若い難民を素早く戦力化するシステムだった。彼らが作ったダイヤは出来映えがやや劣るという欠点はあったが、その差は小粒ダイヤの場合、肉眼ではほとんど分からなかったし、何よりも人件費が抑えられた。このシステムのもと五〇〇〇人の難民の若者が研磨工として育成された。質はともかく、量の面でパレスチナは突如として世界最大級のダイヤ加工センターとなったのだ。パレスチナでのダイヤ産業の育成は、チャーチル政権下、英国政府の主導によるところが大きかった。それは大英帝国の利益と国際ダイヤ・カルテル、デ・ビアス社の世界戦略、そしてシオニストの大義（欧州ユダヤ難民の救援とパレスチナ工業化）という、三者の幸福な結合の賜物と言えよう。一九四八年、英国勢力のパレスチナ撤退後、ダイヤ産業に対する保護は新生イスラエル政府が肩代わりし、さらなる発展を遂げるのであった。（＊43）

独第三帝国による抑圧が強まる中、危機感を募らせた独ユダヤ人の間では出国希望者が増大した。これに対し英国政府は、他国と同様厳しい入国制限を課していた。背景には深刻な国内失業問題があった。また英委任統治領だったパレスチナでの大量受け入れも、アラブ側の猛反発のため実現しなかった。

状況を変えたのが一九三八年一一月九日の「水晶の夜」だった。独ユダヤ人の生存を揺るがすこのポグロムの被害状況が伝わると、国際社会に大きな衝撃と同情が沸き起こったからだ。同胞救援の動きは英国ユダヤ社会でも盛りあがり、僅か六日後、代表団が首相チェンバレンのもとを訪れた。顔ぶれは一〇年後、初代イスラエル大統領となるヴァイツマン、ロスチャイルド家のライオネル、首席ラビのジョゼフ・ハーツ等だった。彼らは現下の緊急事態に鑑み、せめて一七歳以下の子供だけでも移民法の枠外で入国を認める救済措置を速やかに発動してほしいと陳情する。英国で教育・訓練を施した後、一八歳に達した子は第三国へ出国させ、受け入れ費用は英国ユダヤ社会が負担するとの条件も提示した。

首相の対応は迅速かつ正鵠を射たものだった。翌日の閣議で、移民法に抵触せぬ難民として暫定的に入国させる案を発表、内相の承認を得たのだ。二一日、英下院では難民受け入れに努力するとの動議が可決され、内相はユダヤの代表団と面会し、全面協力を約束した。内務省はヴィザなしで入国できるよう手続きを簡略化し、二三日からの受け入れを承認した。

二五日、ＢＢＣ放送は里親募集を呼びかけた。里親となってくれる家庭はユダヤ人家庭である必要はなく、経済的に安定していれば充分だと報じた。放送を聞いた五〇〇組の夫婦から申し込みが寄せられた。後世、キンダートランスポートと称された独ユダヤ児童救出作戦の始まりだ。

入国時の実務と到着後の世話をする組織、難民児童運動（ＲＣＭ）が一一月末に設立された。ユダヤ教徒とキリスト教徒の相乗りの民間ボランティア団体だ。委員長にはシオニスト指導者が就任し、全英五〇〇ヶ所の地方支部を統轄した。ＲＣＭ本部は養子先を斡旋し、地方支部は里親がみつかるまで子の面倒をみた。

子供に与えられた入国書類には「トランジット」と明記され、再出国が受け入れの前提とされたが、後にこの問題はあいまいにされた。多くの里親は成長した子供を手放したくなくなったからだ。一二月一日にベルリンを列車で出発した最初の子供たち二〇〇人が、大陸に近い港町ハリッジに到着したのは同三日だった。

受け入れにかかる費用は一人一〇〇ポンド。受け入れ可能な人数は集めた寄付金額に比例する。そこで八日、元首相ボールドウィンはラジオを通じ献金を呼びかけ五〇万ポンドを集めた。

里親がキリスト教徒で、里子が幼子の場合、家庭内で改宗圧力に曝されるという問題が生じた。このため救援活動の初期には、ＲＣＭは宗教的背景を考慮しながら里親探しをしていた。

しかし、独側の状況が悪化し、脱出に一刻の猶予もなくなると、選択の余地は消えうせた。独ユダヤ人の親たちは、子供の命が助かるなら里親家庭の宗教が何であろうと構わないと覚悟を決めた。親たちが連れてきた夥しい子供の中から、出国させる子を選別したのはドイツのユダヤ団体だった。彼らはＲＣＭが出してくる年齢・性別等の条件を無視して、生命の危険により曝されている子を送り出した。親の保護を得られぬユダヤ系孤児院の子や、強制収容所送りが間近に迫っている子などだ。

その一方で、里親がみつかりやすい子も選別されて送り出された。七～一〇歳の女の子で金髪の見ばえの良い子は、里親側からの人気が高かった。典型的な「ユダヤ顔」の子は不利だった。送り出す側では健康状態、性格、態度を含め、受け入れ側に負担がかからぬ子を優先して出国させた。送った子が何か問題を起こし、それが次の子の出国の支障となることを恐れたからだ。ＲＣＭは障害や病気持ちの子を決して受け入れなかった。最終的に受け入れを認めるのはＲＣＭとはいえ、送り出す子の選別、列車への乗車順を決めるのはドイツ側のユダヤ団体だった。子供たちは四〇～五〇〇人の集団で列車に乗り旅立った。道中、年長の子が幼児の世話をした。

キンダートランスポートの活動は独ユダヤ人口の減少を招いたので、ナチスはその邪魔をしなかった。子供の引き取り手は英国全土に及んだ。これは内務省の指示に従った結果だ。一ヶ所に集住させぬことで、反ユダヤ感情の誘発を防ごうとしたのだ。キンダートランスポートの終結は一九三九年九月一日、第二次大戦勃発によるものだった。英独が交戦状態となったため、民間人の両国往来が困難となったからだ。

この救援活動で英国へ迎え入れられた子は九三五四人に及んだ。この内六〇〇〇人が里親に引き取られた。引き取り手がみつからなかった三三〇〇人余りは、シオニスト団体が運営する施設で戦後のパレスチナ移住に備え、集団生活を送った。多くは年齢が高い子や戒律遵守の正統派の子らだった。戦争が間近に迫る中、見ず知らずのユダヤの子を引き取り育てた里親たちが数千人もいたことになる。サッチャーなど三人の歴代首相の実家が子供の受け入れに協力したことも知られている。これは英国社会の人道主義の発露であり深い感銘を禁じ得ない。多くの国々が無関心を決め込み、ナチスの暴虐に手をこまねいていたこの時代、英国が示した慈悲の行動、それがキンダートランスポートであった。

英国の懐《ふところ》の深さは合衆国と比べるとよく分かる。合衆国は「水晶の夜」以後も特別枠を設置せず、子供の入国許可数は一九三九年末までに僅か一〇〇人に止まった。一九三九年初頭、当時の移民法の枠外で、向こう二年間に限り二万人の子供の入国を認めようとする「ワグナー法案」が作成されたが、結局、本会議に提出されずじまいで終わってしまった。

しかしホストファミリーでの幸福な生活もつかの間、戦争が終わると子供たちは過酷な現実と向き合わねばならなかった。出国できなかった家族の死だ。両親共殺された事例は実に六割に達していた。同胞の血に染まった「呪われた国」独墺に戻り、生活を再建しようとした子はほとんどいなかった。多くの子は里親との間に築いた絆を頼りに英国に留まるか、親族を頼りに渡米するか、イスラエル建国に加わるか、いずれかの道を選んだ。（＊44）

英国のシンドラー

独墺からの救出劇が多くのボランティアによるチームプレーの成果であったのに対し、チェコのユダヤ児童救出はひとりの人物が果たした役割が突出していた。その名はニコラス・ウィントン。独軍チェコ占領の三ヶ月前、プラハに乗り込み、救出作戦を立案・組織し、八ヶ月間で六六九人のユダヤ児童を英国へ送り込むことに成功したのだ。ホロコーストで殺されたチェコのユダヤ児童は一万五〇〇〇人。強制収容所から生還できた子は一〇〇人にすぎない。この事実を想起すれば、彼が救った六六九人という人数が、ホロコースト期、チェコ・ユダヤの子供世代の生き残りにとり、いかに重要であったかが分かるはずだ。助けられた子の中には、英下院議員のアルフレッド・ダブス、世界的映画監督カレル・ライス等の著名人もいる。子孫をあわせると今や六〇〇〇人の命を助けたことになる。のちに彼は「英国のシンドラー」と呼ばれることになる。

投資銀行家一族に生まれた彼が救出劇の主役となったのは偶然だった。一九三八年末、休暇をスイスで過ごすつもりの彼のもとに、予期せぬ電話がかかってきた。電話は同行を予定していた友人からで、休暇はとりやめ、急遽プラハでおちあおうと言うのだ。実はこの友人は、チェコ難民救援団体のボランティアだった。当時プラハはドイツに併合されたズデーテン地方から逃れてきた難民でごった返しており、友人とその仲間は既に支援活動を始めていた。しかし大きな仕事が手つかずのまま残されていた。ユダヤ児童の救出だった。友人はウィントンこそ適任と考え打診してきたのだ。

託された任務は途方もなく困難だったが、結局ウィントンは引き受けた。実はロンドンにある彼の実家にはこの頃、英国亡命を望む両親の親族・友人が助けを求め頻繁に訪れるようになっていた。亡命はひとごとではなかった。キリスト教に改宗したとはいえ、両親は独バイエルン出身のユダヤ出自だった。ウィントン家の人々にとり、一族発祥の地にほど近いチェコに暮らす同胞の苦難を、見過ごすことはできなかったのである。独仏語に堪能で、投資銀行家として独語圏での駐在経験と同族ネットワークを持つ自分こそ適任と考え、ウィントンはプラハに仮事務所を開設した。

「英国は子供だけの難民受け入れ枠を用意し、送り出す子の選考も始まるそうだ」。情報を聞きつけたユダヤの親たちは事務所入り口に長蛇の列をなし、時にはウィントンが宿泊するホテルにまで押し掛けてきた。仕事は山ほどあった。面接を重ね子供の名簿と写真を仕上げると英国へ戻り、里親・保証人・スポンサー探しに奔走する。里親がみつかった子には入国許可証を発行してもらうため、申請書に健康診断書を添付し英内務省に提出する。プラハに戻ると占領独軍当局と交渉し、出国許可証を出してもらう。列車の手配、国境通過証入手などまさに八面六臂の活躍だった。

ひとりでも多くの子供の命を救うことを最優先に考えるウィントンは、兄弟姉妹を別々の里親に引き取ってもらうことに迷いはなかった。難色を示す親たちに対するウィントンの反論は明快だった。「英国は不況で人々はカネがないんだ。子供を引き取ってくれる人は主に中流下層で、ひとり引き取るのも大変なんだ。二、三人まとめて引き取ってくれる里親が現われるまで待つだって！　そんなことしてたら子供は生き残るチャンスを失ってしまうさ」

当然、里親家庭の宗教的背景も考慮しなかった（できなかった）。最も人気が高かったユダヤ教家庭や他者の宗教を尊重するクェーカー等のリベラル派プロテスタントの家庭には、先発の独墺ユダヤの子供たちがあらかた迎え入れられていたため、後発のプラハ出発組（「ウィントンの子供たち」）に選択の余地はなかった。「ものみの塔」に代表される改宗団体は自派に改宗させる目的でユダヤの子を引き取ることで知られており、信仰に忠実な正統派ユダヤ教の親たちの中には子を託すことに尻込みする者も少なくなかった。そんな時、ウィントンは、改宗させられても子供を生かす道を選ぶか、それとも死なせる道を選ぶかと迫り、説得に努めたのであった。

一九三九年九月の大戦勃発は敵地からの子供の救出を不可能にし、ここにウィントンの任務は終了した。奇妙なことに、助けられた大勢の子供たちは、救出作戦の中心人物の名を長年にわたり知らなかった。世間の注目を浴びることを極度に嫌ったウィントンは、妻にさえ自身の偉業を語らなかったからだ。一九八八年、自宅屋根裏の大掃除中に六六九人の子供の名簿と写真を偶然、妻が発見したことで、彼の偉業はメディアに報じられ、かつての子供たちと感動の再会を果たした。多くの人々がユダヤ難民の苦境について見て見ぬふりをしていた時、ウィントンは行動することで人道の手本を示したのである。（＊45）

パラリンピックの創始者、グットマン

オリンピック東京大会を控え、同時開催を予定しているパラリンピックへの関心も高まっている。この国際的催しを創始した人物こそ、ナチスの圧政を逃れ英国に亡命したユダヤ人医師、ルートヴィッヒ・グットマンだった。ドイツ帝国領内で正統派ユダヤ教徒の家庭に育った彼は、ブレスラウ大学医学部で学位取得後、脳神経外科医として先駆的業績をあげ、若くして国際的名声を博した。けれど一九三三年、ヒトラー新政権が定めた公職からのユダヤ人追放により、

一夜にして地位と活動の場を奪われてしまう。しかし、渡英後は卓越した業績が評価され、オックスフォード大学に研究の場が与えられた。

その後、ドイツとの戦いが始まり、連合軍がノルマンディー上陸作戦（一九四四年六月）を立案すると、英国政府は多大な人的損害を想定して、一九四三年九月、バッキンガムシャー州ストーク・マンデビルに国立脊椎《せきつい》損傷者センターを新設した。グットマンは英国政府の要請に応え、所長職を引き受けた。恵まれたオックスフォード大学での研究生活を捨て、脊椎損傷者の面倒をみるという困難な仕事を引き受けたことに、同僚たちは理解に苦しんだ。当時の医学界には、脊椎損傷者には社会復帰が望めぬという偏見が根づいていたからだ。鎮痛剤を投与してギプスで患部を固定し、ベッドに寝かしつけ、あとは死ぬまで介護を続ける以外、対処法は確立されていなかった。結果、患者の多くは尿路感染症と酷い床ずれによる敗血症に苦しみ、次々と死んでいった。何とか生き延びた者も、「社会に役立つ生活」に復帰するための動機づけや励ましを与えられず、ただ、家庭や療養所で人の世話になる余生を送るだけだった。脊椎損傷者の治療は当時の医療の中で、最も未開拓な分野のひとつだったわけである。

けれど、並はずれた洞察力と深い知識を兼備したグットマンには勝算があった。スポーツと労働を採り入れた、新たなリハビリ法の導入であった。まず患者への投薬をやめ、床ずれから解放するため、患者を寝台から引き離そうとした。次に車椅子に乗ってできるアーチェリーや卓球のようなスポーツと、木工、時計修理等の労働を奨励したのだ。スポーツは障害者の肉体的健康を回復させるだけでなく、忍耐心や協調性等、患者が社会復帰する際、求められる資質を育む上で有効だったからである。

また、労働は、自分が社会に有益な存在であるという自信を患者に取り戻させる上で効果があった。「身障者はスポーツと労働を行なうことで肉体的にも心理的にも治癒力を高められる」「半身不随者を立派な納税者に変える」というグットマンのリハビリ哲学は、当時としては革命的な発想だった。死亡率が劇的に低下する一方、就業可能なレベルにまで健康を回復できた者が急増したのである。

この成功例に倣い、やがて英国内の他の医療センターも、積極的にスポーツと労働をリハビリに採用し始めた。グットマンの功績を称え、英国政府の某閣僚は一九四五年にこう述べている。「彼のような素晴らしい人材を我々のもとに送ってくれたヒトラーに感謝する」と。

グットマンが後世に残したもうひとつの功績は、国際スポーツ界に新次元を切り拓いたパラリンピックの創始であった。「運動競技大会は健常者だけに与えられた特権ではない」という自身の哲学を世に広めるための場を作ろうとしたのである。彼自身がナチス体制で虐げられた被差別少数派であったからこそ、「弱者の痛み」を踏まえた発想ができたのであろう。一九四八年七月、ロンドンでオリンピック大会が開かれるや、六〇キロ離れた自分の医療センターの芝生《しばふ》で、脊椎損傷者のための競技大会を同時開催した。車椅子に乗った一六人の選手が、アーチェリーと卓球の腕を競いあった。参加者と競技種目はその後増加し、一九五三年には仏、蘭、カナダ、フィンランドからも選手団が参加した。「パラリンピック」の名称を正式に採用したのは一九六〇年のローマ大会からであった。以後、オリンピック大会の終了直後から同じ場所で開催されるという今日まで続く形式が整えられた。

　グットマンには日本人の弟子もいた。一九六〇年に厚生省から研修派遣された故中村裕医師だ。中村を通じ、グットマン流の身障者スポーツは日本にも導入され、今日の隆盛を迎えることになった。グットマン自身も一九六四年の東京大会視察のため来日し、開会式では演説も行なっている。盛況だった一九六四年の東京大会は、身障者スポーツの何たるかを日本社会に知らしめるという歴史的使命を果たした。次の東京大会ではさらに進化した新たな歴史的使命を果たすことを期待したい。（＊46）

ビートルズを作った男、エプスタイン

　ユダヤ系マネージャーはその昔、合衆国では黒人音楽家をメジャーな音楽市場へ導く役回りを演じた。一方、黒人が少なかった昔の英国では、白人労働者階級の音楽を主流派の音楽産業に売り込む役目を担った。

在米黒人は人種差別により音楽市場への参入が制限され、労働者階級出身の在英白人は階級の壁に行く手を阻まれていた。長い歴史の中で壁に苦しみ、乗り越えようと苦闘を重ねてきたユダヤ人だからこそ、同様の困難に直面していたマイノリティ出身の若い音楽家たちに適切な助言を与えることができた。ユダヤ系マネージャーは彼らの才能を発掘し、ロック音楽を大衆文化の主流へと押し上げ、巨大なグローバル産業へと発展させる上で重要な役割を担った。その筆頭が、ビートルズをスーパースターに育てあげることで音楽界に一大変革を巻き起こしたブライアン・エプスタインであった。

彼は史上最も成功したマネージャーのひとりと評されている。舞台で悪態をつき、革ジャン、リーゼントヘアーの四人組は、彼の指導で小粋なスーツを身にまとう、観客に会釈《えしゃく》を欠かさぬ好青年へとその姿を変えた。最初のヒット曲「ラブ・ミー・ドゥー」のレコード製作を立案・指揮し、売り込みに心血を注ぎ、大手レコード会社との契約に漕ぎつけた。彼がマネージャー役を引き受けて僅か一年ほどで、リバプールの無名グループは大スターに上り詰めた。ビートルズの大成功にエプスタインが果たした役割は大きい。一九六七年の彼の急死は、ビートルズ解散の引き金となったとも言われている。メンバー間の不和を抑えてきた宥め役がいなくなったからだ。

四人組がエプスタインを雇った理由は、損得抜きの人柄、資金力、音楽業界とのコネがあったからばかりではない。「同性愛者のユダヤ人」という点も重要だ。「ショービジネス界のゲイの人脈を考えれば、エプスタインの登用は多くの点でプラスになるはずだ」とポール・マッカートニーは語っている。またポールの継父も登用に即座に賛成し、こう述べたそうだ。「彼は良いマネージャーになるよ。なぜってユダヤ人は金儲けがとても上手だからね」。この発言について後年、ポールはこう付け加えている。「継父《おやじ》は正しかったよ。ブライアンは俺たちに凄い利益をもたらすと思ったのさ。……もし五人目のビートルズがいたとすればそいつはブライアンだ」

　エプスタインの周囲には、多くのユダヤ系が協力者として集まってきた。そのひとり、助手を務めたアンドリュー・オーダムは、独立後に発掘したローリング・ストーンズを、助手時代に学んだ手法で育てた。ビートルズとの差別化を図るため「不良らしさ」を強調したイメージ戦略は、オーダムの発案だった。ビートルズの楽曲出版を手掛けたことでポピュラー音楽史上にその名を止めたのはノーザン・ソングス社だ。エプスタインと共に同社を設立した共同経営者ディック・ジェームズはユダヤ人らしからぬ名だが、れっきとしたユダヤ人だ。ビートルズ解散後、ソロシンガーとなったポールとジョン・レノンの楽曲出版元となったのもこの会社だ。後年、ジェームズは英大衆音楽の舞台裏の中心人物となり、英音楽出版協会会長を歴任している。

りだった。それを実現するためエプスタインと手を組み、一九六四年二月の米初公演を仕切ったのは在米ユダヤ人の興行師シド・バーンスタインだった。巨額の契約を電話での口約束で済ませてしまうほど、深い信頼で二人は結ばれていた。人脈を駆使し、視聴率抜群のエド・サリヴァン・ショーへの出演を実現。渡米前、知名度がいまだ低かった合衆国でのビートルズの認知を一挙に高めた仕掛け人だった。

以上のようにユダヤ系は芸能マネージャー、楽曲出版社の経営者、興行師として、英国ロック音楽の発展に重要な役割を果たしてきたことがお分かりいただけたと思う。ビートルズとユダヤ人。意外な接点に驚かれた方も多いだろうが、それこそユダヤ社会の人材の厚みと言えよう。(*47)

サッチャー改革の主導者

一九七〇年代、英国は限りなく社会主義に近い国だった。人々の暮らしに関わる大企業は国営で、不振に陥っても潰れる心配はなかった。労働者は勤労意欲を失い、サービスは低下した。低迷する英経済は「英国病」と揶揄されたほどだ。打開したのは「鉄の女」と綽名されたサッチャー首相(在任、一九七九-九〇)だ。新自由主義と呼ばれる彼女の政策は我が国にも導入され、中曽根政権の「三公社」民営化、小泉政権の郵政民営化として結実した。

英国のみならず日米の姿さえ変えたサッチャー改革。その仕掛け人がユダヤ人の閣僚たちであった事実を知る者は少ない。登用された人数は英史上最多で、一九八六年初めには二〇人中五人を占め、この状況を皮肉るジョークが流行したほどだ。これ以上ユダヤ人を登用するなら、閣議をゴルダーズ・グリーンで開催してはどうかとサッチャーの夫が妻に提案するというものだ。ゴルダーズ・グリーンとは、全英屈指のユダヤ人集住地区のことである。

閣僚の顔ぶれをみてみよう。筆頭は蔵相のナイジェル・ローソンだ。国営企業民営化の指揮を執り、膨れ上がった公共支出を抑え、財政赤字解消の立役者となった。また減税、規制緩和といった市場経済活性化策を打ち出し経済回復の道筋を作った。サッチャーのもと、異例の出世を遂げたのがレオン・ブリタンだ。内相在任中の炭鉱ストに際して、政府は働く意思を持つ労働者を助けるが、暴力的労組に対しては屈服しないと毅然たる方針を貫いた。大蔵省首席担当相、貿易産業相も歴任した。

雇用相、貿易産業相として失業対策と民営化に尽力したのがデービッド・ヤングだ。「ヤングは解決策を示してくれる」と語り、サッチャーはその知恵袋ぶりを称賛している。英国ユダヤ社会の代弁者でもあるヤングは、サッチャーがパレスチナ解放機構（ＰＬＯ）と接触せぬよう配慮を巡らした。ＰＬＯはイスラエルの生存権を認めていなかったからだ。政権終盤に雇用相に登用されたのがマイケル・ハワードだ。最大の功績は貿易産業省政務次官在任中の一九八六年、英金融史に残る大変革「ビッグバン」を成し遂げたことだ。これは英金融自由化政策の総仕上げ、ロンドン証券市場の大幅規制緩和に他ならない。スコットランド担当相として英北部を巡り、福祉制度への依存に警鐘を鳴らし、企業活動による自助を奨励したマーコム・リフキンドも、地味な仕事ぶりながらサッチャー改革を助けた。

サッチャーの政界における盟友で党首選勝利への道筋を切り開いてくれた恩人が、保守党の先輩議員キース・ジョセフだ。サッチャーは自伝の中で、ジョセフがいなかったならば党首にもなれず、首相の職務も全うできなかったと絶賛している。産業相、教育科学相に登用され、労組の専横、反企業文化を一掃するため、教育改革による道徳再興を唱えた保守党右派の論客でもあった。このジョセフの盟友で、サッチャーと共に一九七四年、右派のシンクタンク「政策研究センター」を設立し、理事長に収まったのがアルフレッド・シャーマンだ。

シャーマンも上記六閣僚と共にサッチャーを支えたユダヤ人だ。中東問題の専門家シャーマンは、英外務省によるイスラエル批判がサッチャーの中東政策に影響を及ぼさぬよう力を尽くした。貧しい東欧系移民家庭に育った彼は、元々筋金入りの極左だった。しかしスターリン批判により英共産党を追放されて共産主義に失望した後、右派に転向した。これはまさに、同世代の米ネオコン知識人（多くがユダヤ系）が辿った思想的遍歴に他ならない。シャーマンの存在は、英国にもユダヤ系ネオコンが台頭し、本家合衆国のそれと時を同じくして活躍していた事実を示すものである。

歴代英首相の中で、なぜサッチャーは最も多くユダヤ人の閣僚を登用したのだろうか。

第一の答えは彼女の選挙区、ロンドン北郊のフィンチリーにある。そこは有権者の五分の一がユダヤ人で占められる稀有な選挙区だった。当選し続けるには親ユダヤ路線を示す必要があった。それは彼女の外交政策にも反映されている。チャーチル以来、彼女ほどイスラエルに同情的な英首相はいなかったと言われる。

保守党指導部内のアウトサイダー連合という解釈も可能だ。当時、保守党の実力者は、アッパーミドルクラス出身の男性で占められていた。彼らはそのいずれでもなかったサッチャー（零細な食料品屋の娘）に対し、出自の優位を鼻にかける人々だった。彼女は保守党内における伝統的エリート支配を覆すための同盟相手を必要としていた。そのための人材をユダヤ人脈とノンエリートのキリスト教徒の中に求めたということだ。彼らがサッチャーに惹かれた理由は彼女が掲げる能力主義、業績主義に他ならなかった。ユダヤ人材が集まってしまった理由について、聡明で活力あふれる人材を望んだ結果そうなってしまったと彼女は述べている。

成育環境も無視できない。それは敬愛する父より受けたメソジスト派の教えだ。同派はプロテスタント諸派の中でも、自助の精神、個人の責任を尊ぶ厳しい倫理観で知られている。これはまさしくユダヤ教と共通する価値観である。長ずるに及び彼女はそのことを知り、ユダヤ教に強い親近感を抱くようになったのだ。ユダヤとの親和性は、彼女のメソジスト信仰の副産物でもあったと言えよう。彼女の家庭環境は反ユダヤ主義とは全く無縁であった。ナチスの迫害を逃れてきた在墺ユダヤの少女がキンダートランスポートで英国に到着した時、サッチャー家は里親がみつかるまで少女を引き取り面倒をみている。このような背景を持つサッチャーは、閣内でユダヤ人に囲まれ居心地の良さを感じていたはずである。

英史上最初の女性首相サッチャーは、ユダヤという視点でみると、「保守党が親ユダヤで労働党が反ユダヤ」という今日まで続く構図をつくりあげるのに一役買った政治家と言えよう。もちろん、その構図を生み出した根本原因は、彼女の在任中に（あるいはその少し前から）進行していたユダヤ社会をとりまく構造的変化に他ならなかった。第一は貧しかった移民労働者の中産階級化。政治的スタンスも保守化してゆく。第二は急増する有色人種が惹起した治安悪化と教育環境の荒廃。この状況を労働党政権が見過ごしていることに、ユダヤ人側は不満を持ったのだ。第三は一九八二年のレバノン戦争を機に、労働党内にイスラエルに敵対的な反シオニスト勢力が急増したこと。以上三つの原因により、かつて労働党支持者が多かった在英ユダヤ社会は様変わりしてゆく。サッチャー政権期には、ユダヤ票の実に三分の二が保守党に投じられるようになるのだ。（＊48）

在英ユダヤ・ロビーの実力

ユダヤ・ロビーというと合衆国のそれが有名だが、英国にも存在している。在英ユダヤ・ロビーは在米のそれと比べ、動員力、資金力の両面で随分見劣りがするが、一定の存在感により注目されている。例えば二〇〇九年一一月、英テレビ、チャンネル4《フォー》はドキュメンタリー番組「親イスラエル・ロビーの内幕」を五夜連続で放映し反響を呼んだ。彼らと英国二大政党との結びつきをみてみよう（話は一〇年ほど前の状況なので多少古いのだが、当該テーマの研究はそれしかないのである）。

保守党に働きかけを行なうユダヤ・ロビーが、一九七四年設立の「保守党イスラエルの友」（ＣＦＩ）である。保守党議員たちを費用丸抱えのイスラエル旅行や豪華な晩餐会に招待することで取り込みを図ってきた。労働党政権下の二〇〇九年、「影の内閣」を構成した保守党議員の半分までが、過去八年以上にわたり計一〇〇〇万ポンドの政治献金をＣＦＩから受け取ってきたと、英紙『ガーディアン』二〇〇九年一一月二六日号は報じている。ＣＦＩは、保守党執行部に向かってイランへの軍事行動の必要性を訴え続けてきた。二〇一〇年五月の総選挙後、保守党のデービッド・キャメロンが首相に就任したが、ＣＦＩの覚えめでたい彼は、イスラエルの過剰とも言える軍事行動を擁護し続けた。

一方、労働党への働きかけに特化したのが、一九五七年設立の「労働党イスラエルの友」（ＬＦＩ）だ。ＬＦＩは、保守党が強力だった一九八〇年代のサッチャー政権時代には英政界の小さなプレーヤーにすぎなかった。しかし、労働党不遇のこの時代に、同党右派・中道派に対する最も気前の良い献金者となることで、二〇一〇年代前半までの蜜月関係を築いた。労働党に一八年ぶりの政権奪還をもたらした一九九七年の総選挙では、同党への最大級の政治献金者の相当数がＬＦＩの幹部たちであった。

その代表格、英大衆音楽産業の大立者、マイケル・レビーは一二〇〇万ポンドを献金した。レビーは公職にあるブレアの個人資産運用（今日では違法）を引き受けることで数百万ポンドの収益を上げ、ブレアの資金面での自立を助けた。功に報いるため、ブレアは男爵への叙任の労をとり、中東特使に任命した。歴代イスラエル首相と親しく、熱心なシオニストでもあるレビーが中東紛争解決に必要な中立性に欠けていることは、百も承知の任命だった。イスラエルのバラク首相のために集金機構を組織したことのあるレビーを、『エルサレム・ポスト』紙は「英国ユダヤ社会の指導者」と称えた。レビーはブレアの首相在任中、最も親しい相談相手となり、いつでも望む時に電話連絡できる間柄となった。ブレア政権期におけるイスラエル・パレスチナ紛争に対する英国の姿勢は、実質的に米ブッシュ政権のそれと見分けがつかぬほどイスラエル寄りに傾斜していったが、理由の一端をレビー等、在英シオニスト富豪の働きかけに求めることはあながち的はずれとは言えまい。

ＬＦＩによる政治資金集めで首位を目指したレビーの好敵手が、デービッド・セインズベリーだ。英三大スーパーマーケットのひとつ、セインズベリーの創業者の孫で、一〇億ドル長者の社主だ。彼はブレアが党首の座を獲得した一九九四年の選挙で一六〇〇万ポンドをブレアに献金した、ユダヤ出自のキリスト教シオニストだ。その功により、二〇〇六年までブレア政権の科学技術担当大臣に任ぜられた。

ＬＦＩの資金提供に依存した当時の英労働党政権は、中東紛争に対して、米ブッシュ政権と共同歩調をとるほど親イスラエル姿勢を示した。二〇〇六年夏、第二次レバノン戦争勃発に際しては、折しもサンクトペテルブルクのＧ８サミットに出席中のブレアは、イスラエル批判をサミット宣言文から削除すべきとブッシュと共に主張し一歩も譲らなかった。この事実から、英国という国は合衆国同様、キリスト教シオニストが強い力を持っているということが分かる。

ＬＦＩは、自分たちに忠誠を誓いながら惜しくも落選してしまった元議員たちへの再就職支援にも熱心だ。例えば二〇〇五年に落選したローラ・フィッシモンズは翌年、ＬＦＩの世話で英イスラエル通信・情報収集センター（ＢＩＣＯＭ《ビーコム》）の専務理事に就任した。ＢＩＣＯＭは英国内で高まる左翼知識人による反イスラエル発言、学界でのイスラエル・ボイコットに目を光らせ、世論を親イスラエルに誘導する目的で二〇〇一年に設立されたシンクタンクだ。年間経費の半分を提供する大口後援者が、個人資産一五億ポンド、全英九五位（二〇二〇年）のポジュー・ザブルドビッチだ。兵器ビジネスで巨富を蓄積した彼は、ヨルダン川西岸の占領地でのユダヤ人武装入植活動を支えるシオニスト大富豪でもある。ヨルダン川西岸に築かれた巨大入植地マアーレ・アドミムにショッピングセンターを建設したことでも有名だ。その父シュロモーはイスラエルの大手軍需産業ソルタン社の創業者で、ペレス元首相と協力してイスラエルの軍備拡張路線を敷いた立役者でもあった。

　フィッシモンズ再就職の一件は、在英ユダヤ・ロビーと英労働党右派・中道派、イスラエル政界、以上三者の強い結びつきを如実に示す事例と言えよう。だが、この蜜月のトライアングルの一角は、後述する極左のコービンが労働党党首となったことで打撃を受ける。

　より新しいロビーが「ユダヤ指導者会議」（ＪＬＣ）だ。ＪＬＣは在米ユダヤ・ロビーの大関格「全米主要ユダヤ系諸機構責任者会議」を手本に、その英国版として二〇〇三年に設立されたロビーだ。設立の中心は前述のマイケル・レビーだ。イスラエルの応援団であると同時に、英国ユダヤ社会が危機に直面した場合、必要な対応策の構築をその任務としている。理事には全英屈指のユダヤ富豪が目白押しだ。中でもロンドンの金融街シティに四六階建ての威容を誇るヘロン・タワーを所有する不動産王、ジェラルド・ロンソンは有名だ。彼は過去半世紀、人生の五分の一をユダヤ社会のために費やしてきたと自負するシオニスト大富豪だ。（＊49）

慈善の王、ウルフソン

ユダヤ人を形容する枕詞《まくらことば》のひとつに「慈善の民」という言葉がある。それを裏付ける統計的数値もある。一九九七年の調査によれば、英国ユダヤ人は人口比六倍の割合で慈善金を拠出している。年収三万〜五万ポンドの英国ユダヤ人を対象とした二〇一三年の調査結果も興味深い。年に一万ポンド以上も寄付してしまう奇特な篤志家が一%存在し、年二〇〇〇〜一万ポンドを献金する者は八%に達している。平均的な所得層の慈善への傾倒ぶりを示して余りある数値と言えよう。

「慈善に応じる」ことは、ユダヤ人のアイデンティティーにとり極めて重要だ。二〇一三年の世論調査によれば、「慈善に応じることは大切」と答えたユダヤ人は七七%に達し、「イスラエルを支持する」の六九%を上回っている。献金先はユダヤ教・イスラエル支援に止まらない。より大きな金額が英国全体の福祉・教育へ献じられている。慈善精神が育まれた背景には、セダカ（ヘブライ語で慈善を意味する）の伝統がある。セダカはキリスト教の慈善、チャリティと比べるとよほど縛りがきつい。弱者を助ける行ないを「貴い自発的行為」と位置づけるチャリティに対し、セダカは「社会の一員が果たすべき義務」と定められているからだ。

篤信のユダヤ教徒家庭では、幼少の頃よりセダカの作法を守るよう躾けられる。例えば幾つもの献金箱が家庭内に置かれ、子供らは家の手伝いをしてお駄賃をもらうと、どんなに少額でもその一部をかならず献金箱に入れるよう教え込まれる。貯めた小銭は貧しい人に渡すため回収される。

もうひとつの背景は、「ユダヤ人は守銭奴」という世間の偏見を是が非でもぬぐい去らねばならぬというプレッシャーの存在だろう。それゆえに自社の従業員に対し殊更温情主義で接したり、社会貢献のため惜しみなく私財を投げ出したりするユダヤ企業家は珍しくない。

英国を代表する老舗小売業マークス＆スペンサーの社主一族もそのような人々だった。二代目会長サイモン・マークスは大恐慌下、家計を助けようと食費を切り詰めている従業員がいることを知ると、温かい食事を安く提供する社員食堂を作った。また「立ち仕事」を続ける従業員のために無料のマッサージ診療所を社内に開設し、「英国一の福利厚生」の評判を得た。

全英最大の紳士服製造・販売業モンターギュ・バートンの創業社主もまた、従業員の健康を気遣う恩情主義的経営者だった。二〇世紀初め、被服製造業は換気が悪く陽光も届かぬ地下室で操業することが業界の常識だった。家賃を浮かすためだ。バートンは、被服産業を劣悪な環境のスウェットショップ（搾取工場）から清潔で近代的な工場に改善する先導者となった。

慈善事業家として最も有名なユダヤ人は、二〇世紀半ば西欧最大の通販会社グレート・ユニヴァーサル・ストアの社主、アイザック・ウルフソンだ。大成功を遂げた後も「一日一シリングあれば暮らせる」と語り、質素な暮らしを貫いた。「何人も一〇万ポンド以上の財産を持つべきではない」との言葉通り、生前一億三〇〇〇万ポンドを慈善事業と教育事業に寄付してしまった。最も有名な献金先はオックスフォード大学とケンブリッジ大学だ。両大学にウルフソン・カレッジ設立・運営基金を寄付したのだ。英国ユダヤの「慈善の王」と呼ぶにふさわしい人物だ。

貧しい白ロシア系移民の倅として一四歳から旅回りの行商を始めたウルフソンは、いかにして巨富を築いたのか。転機は一九四〇－四二年の底値買いだった。当時、小売業界関係者の間では、戦時下の経済統制、見通せぬ対独戦のゆくえに弱気となり、事業を手放す者が続出した。それを底値で買い漁った。ヒトラーが勝てば、ユダヤ人である自分は命も財産も奪われる。逆に負ければ捨て値で買った事業は大化けする。貧しいユダヤ移民が、得意なリスク覚悟の大勝負に出たわけだ。戦争を好機到来と認識できたことが、彼の飛躍を生み出したのである。（＊50）

英国ユダヤ教諸派

英国国教会の頂点に君臨するのがカンタベリ大主教だとすれば、ユダヤ教でこれに相当する役職は首席ラビだ。しかしカンタベリ大主教の権威を認める英国人クリスチャンほどに、首席ラビの権威を認める在英ユダヤ教徒の割合は多くない。社会学者G・オーダーマンによれば、

表3 英国ユダヤ教徒の宗派別分布（2016年）

① 正統派	52.8%
② 改革派	19.4%
③ 超正統派*	13.5%
④ リベラル派	8.2%
⑤ 保守派	3.3%
⑥ セファルディ	2.9%

出典：D.C.Mashiah & J.Boyd, "Synagogue membership in the United Kingdom", *JPR Report* (July 2017), p.12より作成。
＊超正統派の増加率は高く、「2020年に20％に達した」とする推定値もある。

前首席ラビ、ジョナサン・サックスに忠誠を誓うユダヤ人は英国全体で半分。ロンドンでは半分弱にすぎない。それゆえ、首席ラビを「英国ユダヤ社会全体の唯一の宗教代表」として紹介するメディアの言説は正確ではない。その権威を認めているのは独・東欧に起源を持つユダヤ人集団、アシュケナジの中の正統派だけだ。同じアシュケナジのユダヤ教でも、一九世紀中頃から広まる新たな教派、改革派と、さらに新しいリベラル派は、首席ラビの権威を認めてはいない。このように首席ラビに光をあてることで、英国ユダヤ教諸派の多様性、対立図式、歴史的展開が明らかになる。表3を参照しながら解説してみよう。表3に登場する諸派は、異なる文化的・歴史的背景を持つアシュケナジ（①から⑤まで）とセファルディ（⑥）に大別できる。セファルディとはイベリア半島にルーツを持ち、一部は中東・南アジアにまで進出。アシュケナジとは別系統のユダヤ教徒で儀式、仕来《しきた》りに大きな違いがある。彼らは独自の首席ラビ、ハカムを戴き、他の宗教的権威を認めない。在英セファルディの中には、インド独立時の引き揚げ者や、イスラエル建国後、中東で高まる反ユダヤ主義を逃れてきた亡命者も多い。旧宗主国たる英国は道義的責任により彼らを受け入れた。合衆国と比べ、英財界における中東・南アジア出身セファルディの活躍が顕著なゆえんだ。その代表が表５のルーベン兄弟やエジプト出身の不動産王、ザケイ兄弟（全英四一位、三六億ポンド）、大手広告代理店サーチ＆サーチを創業したイラク出身のサーチ兄弟である。

アシュケナジの中で最大かつ最古の教派は表３①の正統派だ。元々多くの信徒団の分立状態だった正統派が、ドイツ系エリートの主導で一八七〇年、大同団結し、信徒団連合ユナイテッド・シナゴーグを設立、後来の東欧系をも傘下に収めようとしたのは、台頭する改革派に対抗するためであった。こうしてできた最強の信徒団ユナイテッド・シナゴーグの歴代ラビが、前述の首席ラビを兼ねているのである。またユナイテッド・シナゴーグの俗人信徒の長、理事長職には、ロスチャイルド家当主等、英国ユダヤ社会の歴代権力者が就任してきた。彼らは正統派の組織と首席ラビを、ユダヤ社会統制の手段として利用してきたのだ。

最も厳格に戒律を守るユダヤ教右派が③の超正統派だ。主にホロコースト難民として戦後来住した者の子孫だ。男性の習俗は黒ずくめの服装と帽子、顎鬚《あごひげ》で外見上識別可能だ。ロンドン北郊に集住。自派の霊的指導者レベを尊崇し、首席ラビには従わない。他教派の人口が横ばい・漸減であるのに対し、超正統派だけは急増している。避妊を認めぬ高出生率のゆえである。

数的に二〇一六年時点で二番目のセクトが②、中道左派の改革派だ。一九世紀初めドイツに生まれた改革派は、旧態依然たる当時のユダヤ教を近代市民社会に適合させるため、思い切ったモデルチェンジを行なった。改革派の挑戦に直面した「旧態依然たるユダヤ教徒」たちは、自分たちのユダヤ教を「正統派」と称するようになったのだ。

同じく正統派の教義を認めないのが④、左派のリベラル派だ。現代人の感覚で不合理と思われる仕来りを率先して撤廃してきた急進派だ。礼拝時の男女分離を廃止、近年では同性愛者の宗教行事参加を認めている。また「ユダヤ教徒の定義」を拡大解釈し、父親のみがユダヤ教徒でも、生まれた子を「ユダヤ教徒」として認め信徒団に受け入れてきた。族外婚が流行する中での現実的対応と言えよう。リベラル派は文化的多元主義を貫くことで正統派に挑戦状を突きつけている。他の宗派との間で最も深刻な対立点を生み出しているのが、反シオニズムの姿勢である。しかし、これはユダヤ教リベラル派だけでなく、左翼勢力全般に共通する姿勢だ。

以上、英国ユダヤ教諸派の多様な姿を紹介したが、財力、政治力で突出しているのは①の正統派であることは言うまでもない。（＊51）

今日の族外婚事情

族外婚（インターマリー）はユダヤ人の私生活の中で最も物議を醸《かも》す問題だ。その歴史は古く、かのソロモン王も、父ダビデと異教徒の美女バテシェバとの間に生まれた。族外婚を禁じる神の命令は、女性の色香の前に敗北したのである。

時代が下り近代の英米で開かれた寛容な社会が出現すると、宗教・民族を異にする者同士が愛により結ばれてゆく。この状況は多文化主義の信奉者にとっては喜ばしいものだが、ユダヤ社会の存続を願う者には大きな不安要因であり続けた。

なぜなら両親共にユダヤ教徒の場合、子供の九六％はユダヤ教徒として育てられるが、片親が非ユダヤ教徒の場合、その子供がユダヤ教徒として育てられる割合は三一％に激減してしまうからだ（二〇一三年の調査）。換言すれば、インターマリーカップルの子は族内婚夫婦の子に比べ「ユダヤ人でなくなってしまう確率」が三倍も高いということだ。この現象が続けばユダヤ人口は激減し、ユダヤ社会は消滅してしまうのではないかとの危惧が高まり、族外婚こそ「ホロコーストに代わる現代ユダヤ社会最大の脅威」として警鐘が鳴らされたのだ。

特に衝撃を与えたのは一九九〇年、合衆国ユダヤ社会が発表した五二％という極めて高い族外婚率だ。英国ユダヤ社会も早晩同じ道を辿るのではないかとの悲観論が飛びかったのだ。英国ユダヤ人を対象とした一九九五年の調査では、「我が子が非ユダヤ人と結婚することを阻止できるなら何でもする」と回答した親は三六％に及んだほどだ。

次に英国ユダヤ人の族外婚率を時系列でみてみよう。調査が始まった一九六五－六九年は一

表4 宗派別の族外婚率(2013年)

超正統派	0%
正統派	7%
改革派・リベラル派	39%

出典：D.Grraham, "Jews in the United Kingdom in 2013", *JPR Report* (January 2014), p.20より作成。

一%と随分低かった。急増するのは一九七〇年代だ。背景には多文化主義の浸透があった。しかし一九七九年、二〇%に達した後は大方の予想に反してほぼ横ばい状態が続き、最新の二〇一三年調査の二六%へと至る。

二〇一三年の調査結果は、一九九〇年代に多くの識者を恐れさせた「惨事」がいまだ差し迫ってはいないことを示した。即ち英国ユダヤ社会の族外婚率は結婚全体の四分の一に止まり、合衆国の半分にすぎぬことを明らかにしたからだ。英米の差を生み出した最大の原因は、宗教色が薄い世俗派ユダヤ人が占める割合が英国は合衆国の半分にすぎず、反対に宗教色が最も濃い超正統派の割合が合衆国の二倍に達している点だろう。家庭内で育まれた文化的背景、価値観という点でユダヤ色が最も希薄だった者が、長じて後インターマリーを最も行ないやすいという傾向が統計的に確認されているからだ。

それを示すのが表4だ。表4は、戒律遵守度が強い宗派ほど族外婚率が低い事実を示している。注目すべきは、最も宗教色が濃い超正統派では族外婚は実質ゼロである点だ。「あってはならぬタブー」とみなされているからだ。超正統派は英国ユダヤ人口の実に二〇%を占めている。とりわけ若年層に占める割合が高い。超正統派の急成長は、族外婚増大の抑止要因となっていると考えられる。

二〇一三年の調査からは、宗教色が最も濃い超正統派とそれに次ぐ正統派の若者が二〇代で行なう結婚が族内婚の中核をなし、宗教色が薄いユダヤ人が四〇代で行なう晩婚が族外婚の主流を占めていることが判明した。高出生率を背景とした超正統派若年層の人口増は顕著で、将来的にも持続してゆくはずだ。従って彼らを主力とする同族結婚は今後も減ることはなく、英国ユダヤ社会の存続を保証する人材供給源であり続けるだろう。（＊52）

英労働党反ユダヤ騒動

歴史的に英国ユダヤ人は二大政党（保守党と労働党）への重要な献金者であったため、英政界で反ユダヤ事件が起きることは滅多になかった。労働党に話を限っても、歴代党首ゲイッケル、ウィルソン、ブレア、ブラウン、ミリバンドはユダヤの大義とイスラエルに対する同情心を表明してきた。しかし、二〇一五年、同党左派の領袖コービンが党首に選ばれてから関係はすっかり冷えきってしまった。事の起こりは二〇一六年四月二六日、同党左派の下院議員ナズ・シャーによるネット上の書き込みが発覚したことだ。それは「全てのイスラエル人を米国へ移送してしまえば中東紛争は解決するだろう。イスラエル人は合衆国で歓迎されるし、移送費用は合衆国がイスラエルの国防支出を援助する金の三年分で済む」という内容だった。

シャーは全英最大級のパキスタン系移民集住地区ブラッドフォードを地盤として同胞の組織票を背景に当選した、イスラム教徒の議員だった。彼女が自らの過激な反ユダヤ主義を公にした背景には、英国におけるイスラム教徒の急増と政治的台頭が挙げられる。今や首都ロンドンでも人口の八人に一人がイスラム教徒だ。彼らの中には現ロンドン市長サディク・カーンのように異宗教・異民族に寛容な多文化主義者も少なくないが、不寛容な人々も多い。在英イスラム教指導者メフディー・ハサンは二〇一三年に、「反ユダヤ主義は在英イスラム社会の一部で黙認されているばかりでなく、日常的にありふれた現象なのだ」と発言したが、二〇一六年四月に実施された世論調査結果はハサンの説を裏付けている。「在英イスラム教徒の三〜四割がユダヤ陰謀論に執着《しゅうちゃく》している」と結論づけているからだ。

彼らが英政界の主流に進出し、自信を強めたことで、以前はイスラム社会内部に封印されてきた彼らの反ユダヤ主義が主流派社会に向けて発信されるようになった。こうした在英イスラム教徒の反ユダヤ主義を、労働党左派は大目に見る傾向があった。大半が労働者階級に属する在英イスラム教徒は、労働党左派にとり恰好の集票ターゲットだったからだ。労働党左派を反ユダヤ主義に傾斜させた背景は、外来の移民集団を支持基盤に取り込もうとする算盤勘定ばかりではない。英左翼特有の反ユダヤ主義も無視できないのだ。名付けて「極左トロツキストの反ユダヤ主義」だ。

それは二〇一六年四月二八日、下院議員リビングストンの発言の中に端的に示されている。

この時、彼は僚友シャーを擁護するため様々な弁明を行なったのだが、調子に乗って「ヒトラーはホロコーストを始める以前、シオニズムを支持していた」という持論を開陳してしまったのだ。シオニズムが独ユダヤ人を国外に出国させたことは、結果としてユダヤ人嫌いのヒトラーにとり好都合であったのだが、ヒトラーは決してシオニズムの大義（ユダヤ人国家建設）を支持していたわけではない。その意味でリビングストン発言は誤った歴史認識であるばかりでなく、ホロコーストの災禍に苦しめられたユダヤ人の気持ちを踏みにじる非良心的な妄言だったと言えよう。

実はシオニズムとナチズムを関連づける議論は、四〇年ほど前まで英労働党最左翼を形成していた極左トロツキスト集団の常套句《じょうとうく》だった。当時、同集団の若手だったリビングストンもこの妄言に染まっていったのだ。

自派議員の相次ぐ反ユダヤ発言を見過ごした理由で非難の矢面に立たされたのが、党首コービンだった。実はコービンもリビングストン同様の思想の持ち主であった。パレスチナ紛争解決策として、「人種差別国家イスラエルの存在を認めず、パレスチナ全域に単一の世俗国家を建国せよ」と発言してはばからぬ過激派なのだ。

二〇一五年の党首選に負け、「コービンおろし」の機会をうかがっていた労働党右派・中道派議員団はリビングストンとシャーの永久除名を要求。労働党史上最大の献金者、英大衆音楽界の大立者、ユダヤ系のマイケル・レビーも二人の永久除名を求めた。こうした圧力を無視できず、コービンは二人の僚友を議員資格停止処分にせざるを得なかった。

二〇一六年の反ユダヤ発言騒動は、労働党内の主導権を巡る代理戦争の様相を呈したと言えよう。対立軸は左派がパレスチナびいきで、右派・中道派が親イスラエルという路線対立である。結果的に労働党内の内輪もめは保守党を利するところとなった。五月五日実施の英地方選挙の結果、労働党は改選前より大きく議席を減らしているからである。選挙の数日前には、長年、労働党を支持してきた在英ユダヤの著名人、『フィナンシャル・タイムズ』紙編集主幹、ロバート・シュリムズリー、小説家のハワード・ジェイコブソンらは軒並み、労働党不支持を表明している。党内の反ユダヤ的体質を見過ごせばユダヤ人の「保守党への乗り換え」現象はさらに続くことになろう。（＊53）

在英一〇〇億ポンド長者、三分の一はユダヤ人

在英大富豪の財力を示す資料が毎年五月、英紙『サンデータイムズ』に掲載される長者番付だ。最新の二〇二〇年版によれば、一〇〇億ポンド超の大富豪は僅か一二人しかいない（家

表5 個人資産100億ポンド超の在英大富豪番付（2020年）に名を連ねたユダヤ人

番付順位	氏名	個人資産	主力事業内容	主な所有企業	出生地
2位	デービッド（1938〜）とサイモン（1941〜）のルーベン兄弟	160億ポンド	企業買収・不動産投資	トランスワールドメタルズ	インド
4位	レオナルド・ブラバトニック（1957〜）	157億ポンド	投資・メディア・音楽	アクセス・インダストリーズ	ウクライナ
11位	ミハイル・フリードマン（1964〜）	102億ポンド	金融	アルファ・グループ	ウクライナ
12位	ロマン・アブラモヴィッチ（1966〜）	101億ポンド	石油	ミルハウス・キャピタル	ロシア

出典：Watts, Robert. ed. (17 May 2020) "Sunday Times Rich List",（https://www.thetimes.co.uk/sunday-times-rich-list）

族・兄弟でも一人としてカウントしている）。一二人の内ユダヤ人は四人、実に三分の一を占めている。英国ユダヤ人口は僅か二六万七〇〇〇人。英国総人口の〇・四％にすぎぬ事実を想起すればまさに驚異的な占有率だ。二一世紀に入り、グローバル経済におけるインド系、中国系の目覚ましい台頭を前に影が薄くなったと思われたユダヤ系だが、「やっぱり強かった」のだ。

表5中最上位のルーベン兄弟は、イランのユダヤ人迫害を逃れた両親のもと亡命先のインドのムンバイで生まれ、後にロンドンに移住した、文字通り「流浪のユダヤ人」だ。サイモンは義務教育さえ修了していない。一九七〇年代にスクラップ金属取引、一九八〇年代に不動産投資で資金を貯えた兄弟の飛躍の

チャンスは、社会主義体制崩壊直後のロシアの混乱だった。

狙いを定めたのは資金不足で経営に行き詰まったロシアの巨大アルミメーカーだ。全盛期、世界アルミ生産の五%を支配する会社だった。兄弟は資本主義システムが産声をあげ始めたばかりのロシアに最初に飛び込んだ英国人企業家であり、同時に最大の資金を投じた外国人でもあった。ロシア経済危機の直前までに事業を全て売却、英国内の不動産投資に経営資源を集中した。

表5中、最も知名度が高いのがロマン・アブラモヴィッチだ。名門サッカーチーム、チェルシーを買収したことで注目された。ソ連崩壊後の混乱の中で国営企業民営化を好機とみてエリツィン政権にすり寄り、ユダヤ仲間と組み石油会社を買収し、富の土台を築いた。一族発祥の地はリトアニアだが、旧ソ連による併合後、両親はシベリアに追放されそこで彼は生まれた。幼くして孤児となり、文字通り無から這い上がってきた前半生だ。在露ユダヤ協会会長を務め、旺盛なユダヤ人意識の持ち主だ。

アヴラモヴィッチと同じく従順な姿勢を貫き、プーチン政権下での「オリガルヒ叩き」を生き延び英国に移住したのが、ミハイル・フリードマンだ。オリガルヒと呼ばれるロシア新興財閥の多くはユダヤ系だ。プーチンは彼らを叩くことで、反ユダヤ的気質が根強いロシア民衆の支持を得ようとしたのだ。ウクライナ出身で後述する同郷のブラバトニックと手を組み、一九九七年、シベリアの国営石油企業ＴＮＫ民営化に際し、買収を仕掛け成功したことで富の土台を築いた。エリツィン再選を資金面で支えたことで築いたコネがモノを言った。在露ユダヤ協会副会長を務め、ロシア語圏ユダヤ世界（最大はイスラエル）で若者のユダヤ人意識を高める国際プロジェクトに巨額の献金を行なうなど、強い意識の持ち主でもある。ユダヤ出自ゆえに旧ソ連時代に名門大学への入学を却下された被差別体験、ビルの窓拭き等、下積みの仕事の経験を持つ苦労人だ。

比較的恵まれた教育環境を得ることができたのがレオナルド・ブラバトニックだ。モスクワ大学在学中の一九七八年、共産主義の将来に見切りをつけ国外脱出、一九八九年ハーバード大学で経営学修士号を取得。旧ソ連からの脱出組の中で西側のビジネス戦略を学んだ最初の世代だ。共産主義崩壊直後のロシアで投資を始めた点では上記三人と共通している（表5のルーベン兄弟は一人分としてカウントされている）。同じくウクライナ出身の新興ユダヤ財閥ベクセルバーグと組み、国際投資会社アクセス・インダストリーズを設立。投資先は石油・アルミ等の資源関連から娯楽・メディアと多岐に亘る。ユダヤ人意識は強く、低所得のイスラエル人五〇〇〇家族に毎月食糧支援を行なっている。非ユダヤ関連の慈善事業でも群を抜き、オックスフォード大学に公共政策大学院設立運営資金として七五〇〇万ポンドを寄付している。

表5から読み取れるユダヤ人大富豪たちの特色は、全員が移民出自、とりわけ旧ソ連出身者

が四人中三人を占めている点だ。三人はプーチンに恭順を示すことで生き残り、今なおロシアを主たる稼ぎ場としている。彼らが合衆国ではなく英国を安住の地に選んだ理由はロシアとの往来の利便性だけでなく、プーチン政権側の悪感情を招かぬためだろう。何と言っても合衆国はロシアにとり「第一の敵」だからである。

　表5の大富豪たちはいずれも旧ソ連の社会主義体制崩壊を千載一遇の好機と認識できた人々だ。古来、戦争、革命、パンデミックは、大儲けのタネが最も拾いやすい穴場だ。彼らは混沌の中から大儲けのタネをかぎ当てる嗅覚の持ち主だった。かぎ当てるだけでなくリスク覚悟の大勝負に出たのも共通点だ。

　彼らのビジネス行動からは、ユダヤビジネスに特徴的なリスク志向の強さが見てとれる。ユダヤ人がリスク志向を身につけた背景は明白だ。ひと昔前まで、ユダヤ人の人生は非ユダヤ人の人生と比べ、より危険に満ちていたからだ。危険を恐れていては暮らしていけない。幼くして両親を失いシベリアで壮絶な前半生を歩んできたアブラモヴィッチを筆頭に、彼らはいずれも混沌の中で揉まれたセルフメイドマンである。常人には及ばぬ強いリスク志向を身につけたとしても不思議ではない。

　今から四〇年ほど前、若い世代のユダヤ人のビジネス離れが危惧され、財界のユダヤ・パワーの将来について悲観論が飛びかったことがあった。父祖の代に匹敵する成功を若い世代は持続できないのではないかという予測だ。根拠の第一は戦後の豊かな家庭に育った若い世代には、成功に必要なハングリー精神が欠けているという言説だ。第二は金儲けより知的好奇心の追求に魅力を感じる若い世代は、知的専門職へ進んでしまう現実だ。実際、二〇〇〇年の調査では在英ユダヤ人の就業者の実に五〇%が医師、弁護士、大学教授等の専門職に集中していた。しかし表5は、移民体験を持つハングリーな若者の中から続々と大富豪が生まれている事実を示している。将来的に英国へのユダヤ移民の流入が続く限り、ユダヤ人のビジネスパワーは安泰だろうと予感できる。（＊54）

コロナ禍の英国ユダヤ社会

ユダヤ人は健康志向と長寿で名高い人々だ。過度の飲酒や喫煙を控える生活習慣、医療を受けやすい社会的立場、良好な生活環境を保証する経済力。これらがあわさって他集団を凌駕する長寿と健康を享受して、彼らもその事実を誇りにしてきた。

しかし二〇二〇年四月五日、英国ユダヤ代表者委員会が発表した数値はユダヤ人側の自負を打ち砕き、深刻な動揺を与える内容だった。英国総人口の〇・四%にすぎぬユダヤ人が、全英の新型コロナウイルス感染症による死者数の二・三%を占めていた事実を明らかにしたからだ。それは人口比、五・八七倍の死亡率に他ならなかった。英国は欧州最多の死者を出した国だが、中でもユダヤ人の死亡率は突出していた。

考えられる第一の原因は居住地域だ。在英ユダヤ人の三分の二がロンドンに集中している点は重要だ。世界中からの来訪者が集まるこの都市で暮らす者は、地方在住者よりよほど感染リスクが高まるのだ。次は高齢者の比率だ。英国ユダヤ人の内、六五歳以上の人口比率は二一%。英国人一般の一六・四%と比べやや高い。高齢が重症化のリスク要因であることは周知の事実だ。

会堂礼拝への出席率の高さも悪材料と考えられる。英国人キリスト教徒の日曜礼拝出席率は一〇%にすぎないが、ユダヤ教徒は二五%がほぼ毎週、安息日の会堂礼拝に出席しているのだ。「密状態」が発生しやすい会堂礼拝は、典型的なリスク要因なのだ。ユダヤ教の年中行事の中で、二〇二〇年春、感染拡大に一役買ってしまったと考えられるのが都市封鎖《ロックダウン》の少し前、三月九－一〇日に祝われたプリム祭だ。「ユダヤ教のカーニヴァル」と称されるこの祭りは、家族、友人が集まって飲食しながら歌い踊る賑やかなものだ。二〇一九年までは喜びの祭りだったのだが二〇二〇年に限り感染拡大の温床と化したと指摘する識者もいる。

ロンドン北郊のユダヤ教超正統派地区が感染拡大のホットスポットとなったと語る医療関係者の指摘は重要だ。名付けて超正統派リスクだ。英国ユダヤ人口の二〇%を占める超正統派は、世俗社会を自分たちの信仰生活にとり有害なものと考える人々だ。それゆえ、テレビ放送を

「悪しき衝動を与える汚れたもの」として視聴を禁じてきたのだが、これが命取りとなった。視聴を通じて感染爆発の深刻さを速やかに認識するとともに、正しい予防情報を入手する機会を逃してしまったのだ。

実際、同派信徒の中には、家族が重症化して初めてソーシャルディスタンスを保つことの大切さが分かったと語る者もいたほどだ。いかに用心深く行動したら良いかというテレビ放送を通じての予防メッセージは、彼らのもとには届かなかった。超正統派では、成人男子の多くが神学生として終生経典学習に専念する。狭く換気が劣悪な教室で大勢が声を出して経文を唱える伝統的な学習スタイルもリスク要因だ。会堂礼拝出席率も抜群で八六％。礼拝は、密室で聖句を大声で唱える信徒が互いに抱擁を繰り返す独特な形式で、クラスター発生条件がそろっている。多産を神の御旨とし、また妻のパート収入に依存するため、所得水準が低い彼らが狭い家で沢山の家族と暮らしている状況も見逃せない。

世帯当たりの人数は英国人一般の二・三人、英国ユダヤ人の二・七人に対し、超正統派は五・三人と群を抜いている。この他に政府の要請にも容易に従おうとせぬ分離主義的な生き方も感染拡大を招いたと考えられる。全てのユダヤ教会堂が閉鎖された四月以後も、ソーシャルディスタンスの指針を無視し、自宅裏庭で秘かに集団礼拝を続けていた超正統派の姿が目撃されている。以上のような事情から、二〇二〇年春、彼らの集住地区は英国最悪の新型コロナウイルス感染症のホットスポットのひとつと化していたと思われる。

コロナが猛威をふるう中、ユダヤ人にとり最大の強みだった宗教が最大の弱点と化してしまったことがお分かりいただけたと思う。長所は環境の激変で短所に様変わりするという教訓を我々に示すものである。（＊55）

あとがき

英国を安住の地と定め各界で目覚ましい成功を遂げたユダヤ人。わけてもビジネス分野での活躍は瞠目すべきものだった。各時代を代表するビジネス・イノベーションの創造者として巨富を築いたユダヤ人の共通点は、海外から渡来した移民出自の人々であったことだ。中世の消費者金融業の中心勢力となった大物金貸しは北仏ノルマンディーの都ルーアンから征服王ウィリアムにつき従い来住した者たちとその子孫であった。近世の外国貿易商人と兵站業者はポルトガル出自のセファルディだ。

近代に金融業の新領域、国際資金調達を確立したマーチャントバンカーは、フランクフルトやハンブルク出身のドイツ系ユダヤ移民だ。

続く二〇世紀、巨大スーパーマーケット、テスコの創業社主ジョン・コーヘンを筆頭とする小売王たちは、東欧系移民とその第二世代であった。そして二一世紀、企業買収、資源ビジネス、不動産投資で一〇〇億ポンド超長者に成り上がった者たちも、旧ソ連や中東・南アジアからの移住組だ。中世の一二世紀から二一世紀の今日へと続くユダヤ・パワーの持続性が、本書により明らかにされたと言えよう。近年グローバルビジネスの分野で、欧米先進国に本拠を移した華人・インド系の台頭が脚光を浴びる中、ユダヤ系の存在感は希薄となった印象を受けるが「どっこいユダヤは強かった」のだ。

彼らを鍛えたのは迫害と逆境だった。中世では恣意税の苛斂誅求と儀式殺人告発。近世ではカトリック教会による異端審問。そして近現代ではドイツ諸領邦での法的差別やロシア帝国のポグロム、そして近年では中東諸国でのイスラム原理主義台頭が生み出した新たな反ユダヤ主義とプーチン政権による「新興財閥叩き」だ。

時代を超えて脈々と受け継がれるユダヤ人のビジネス成功能力は、こうした迫害と故国喪失のディアスポラ状態の中で磨かれたと言えよう。既得権益層の仲間入りをして安穏な人生を送る道を閉ざされた彼らには、己《おのれ》の才覚でビジネスチャンスをかぎ当てて生きてゆく以外、術はなかった。そうした境遇の中でニュービジネスの種《たね》をかぎ当てる嗅覚が研ぎ澄まされたのであろう。

逆境に鍛えられた彼らが大輪の花を咲かせたのは移住先の英国であった。ピューリタニズムの親ユダヤ的伝統と差別が少ない寛容な社会風土のおかげで、彼らは水を得た魚の如く活躍の場を手に入れたのだ。これこそ「英国ユダヤ史の魅力」であり、筆者が本書を執筆した動機だ。二六年前、筆者は同じテーマで『英国ユダヤ人』（講談社選書メチエ）を執筆した。同書では名もない庶民の視点に立ち、歴史を下から上に見上げる社会史的アプローチの手法を重視した。一方、本書では前作にあまり登場しなかったロスチャイルド家を中心とする大富豪やユダヤ社会の指導者にスポットライトをあて、国際政治経済に影響を及ぼしたユダヤ・パワーの実態解明に重点を置いた。ふたつの書物は相互補完的関係にあり、英国ユダヤ史の全体像を総体として理解する上で共に欠かせぬものとなっている。願わくはぜひ前作もお読みいただきたい。

さて、本書完成を目前にして、イスラエルとハマスの衝突が再び国際社会の注目を集めている。民衆を楯にロケット弾攻撃を繰り返すハマスに対し、イスラエルがやむなく採ったガザ地区へのピンポイント空爆。民間人犠牲者が続出する中、国際社会は人道上の見地からイスラエル非難の大合唱を始めた。これに加わらないのが米英だ。それは今回に限ったことではない。米英と国際社会の温度差を生み出した原因は、国内における親イスラエル勢力の存在と親ユダヤの歴史的伝統だ。本書によって解明された親ユダヤの歴史的伝統は、最新の国際情勢を読み解く上でも有益なキーワードであることがお分かりいただけたと思う。

末尾になってしまったが、本書執筆の機会を与えて下さった幻冬舎編集部の小木田順子さんに深くお礼を申し上げたい。

二〇二一年六月

佐藤唯行

参考文献

*1—J. Jacobs, “Aaron of Lincoln”, *Transactions of Jewish Historical Society of England*（以下 *TJHSE* と略記）Vol. 3 (1896) pp. 159-172; R. R. Mundill, *The King’s Jews: Money, Massacre and Exodus in Medieval England* (London, 2010), pp. 182f.

*2—S. Bartlet, *Licoricia of Winchester: Marriage, Motherhood and Murder in Medieval Anglo-Jewish Community* (London, 2009), pp. 43-109; M. Adler, *Jews of Medieval England* (London, 1939), pp. 37, 39; ed. by., J. M. Rigg, *Calendar of the Plea Rolls of the Exchequer of the Jews* Vol. 1 (London, 1905), pp. XVi. 186f.

*3—板垣雄三「ユダヤ人問題理解のために」広河隆一編『ユダヤ人とは何か』（三友社出版、一九八五）三一八頁。

*4—ed. by., A. Jessopp, Thomas of Monmouth, *The Life and Miracles of St. William of Norwich* (Cambridge, 1896), pp. 10-16, 34f; E. M. Rose, *The Murder of William of Norwich* (N.Y., 2015), pp. 81, 93-96.

*5—*Ibid.*, pp. 133-144.

*6—ed. by., J. Hillaby, *The Palgrave Dictionary of Medieval Anglo-Jewish History* (London, 2013), pp. 133, 336; ed. by., P. Skinner, *Jews in Medieval Britain* (Woodbridge, 2003), pp. 73-75.

*7—*Ibid.*, pp. 41, 122; J. L. Mell, *The Myth of the Medieval Jewish Moneylender* Vol. 1 (N.Y., 2017), pp.

180f, 193: W・S・マッケクニ著、禿氏好文訳『マグナ・カルタ―イギリス封建制度の法と歴史』（ミネルヴァ書房、一九九三）三九五―三九六頁。

＊8―佐藤唯行『英国ユダヤ人―共生をめざした流転の民の苦闘』（講談社、一九九五）四八―五九頁。

＊9―M. Teter, *Blood Libel: on the Trail of an Antisemitic Myth* (Cambridge, 2020), pp. 1f, 24; J. Hillaby, *op. cit.*, pp. 206f; R. R. Mundill, *op. cit.*, pp. 85-87; 金澤睦子「中世イングランドにおける宗儀的殺人」『聖心女子大学　文学・史学』一一集（一九九〇）四〇―四四頁。

＊10―L. Fogle, *The King's Converts: Jewish Conversion in Medieval London* (London, 2019), pp. 79-156; P. Skinner, *op. cit.*, p. 51.

＊11―J. Hillaby, *op. cit.*, pp. 103-108.

＊12―*Ibid.*, pp. 136, 242; P. Skinner, *op. cit.*, p. 5; R. R. Mundill, *op. cit.*, pp. 157, 164.

＊13―ed. by., W. D. Rubinstein, *The Palgrave Dictionary of Anglo-Jewish History* (London, 2011), pp. 660f; *Jewish Encyclopedia* Vol. 4 (London, 1906), p. 368; *op. cit.*, Vol. 8, pp. 283f.

＊14―L. Wolf, *Essays in Jewish History* (London, 1934), pp. 95f, 103; D'Blossiers Tovey, *Anglia Judaica or A History of the Jews in England* (London, 1990), pp. 154f.

＊15―C. Meyers, "Debt in Elizabethan England: the Adventures of Dr Hector Nunez", *TJHSE* Vol. 34 (1994), pp. 125f, 130; D. Green, *The Double Life of Doctor Lopez* (London, 2003), pp. 63-67.

＊16―I. Abrahams, "Joachim Gaunse: a Mining Incident in the Reign of Queen Elizabeth", *TJHSE* Vol. 4 (1899) pp. 87-92; L. S. Feuer, "Francis Bacon and the Jews: who was the Jew in the New Atlantis?", *TJHSE* Vol. 29 (1982), pp. 1f, 8f, 15; E. N. Adler, *London: Jewish Communities Series* (Philadelphia,

1930), p. 85.

*17—L. Wolf, “American Elements in the Re-settlement”, *TJHSE* Vol. 3 (1896), pp. 96-100; A. M. Hyamson, *The Sephardim of England* (London, 1951), pp. 12f.

*18—E. Samuel, *At the End of the Earth: Essays on the History of the Jews in England and Portugal* (London, 2004), p. 195; D. Taylor, *'Thank You for Your Business' The Jewish Contribution to the British Economy* (London, 2013), p. 64.

*19—S. Stern, *The Court Jew: a Contribution to the History of Absolutism in Europe* (Oxford, 1985), pp. 15-22.

*20—O. K. Rabinowicz, *Sir Solomon de Medina* (London, 1974), pp. 38, 40, 70; D. Katz, *The Jews in the History of England* (Oxford, 1996), pp. 217-219.

*21—J. R. Marcus, *American Jewry: Documents Eighteenth Century* (Cincinnati, 1959), pp. 251, 320, 334, 423; J. R. Marcus, *Early American Jewry* Vol. 2 (N.Y., 1975), pp. 91, 293, 407.

*22—E. Faber, *Jews, Slaves, and the Slave Trade* (N.Y., 1998), pp. 6, 15, 34, 145; J. Salzman, *Struggles in the Promised Land: Toward a History of Black-Jewish Relations in the United States* (N.Y., 1997), pp. 68-71.

*23—L. SutherLand, “Samson Gideon: Eigteenth Century Jewish Financier”, *TJHSE* Vol. 17 (1951), pp. 82f, 86; T. M. Endelman, *The Jews of Georgian England 1714-1830* (Philadelphia, 1979), pp. 29f. 仙田左千夫「イギリス長期公債とユダヤ資本」『彦根論叢』一九三号（一九七八）。

*24—A. Newman, “The Expulsion of Jews from Prague in 1745 and British Foreign Policy”, *TJHSE* Vol. 22

(1970), pp. 30-41; C. Roth, *History of the Great Synagogue* (London, 1950), pp. 88f.
*25—H. S. Q. Henriques, *The Jews and the English Law* (Oxford, 1908), pp. 9f; W. D. Rubinstein, *op. cit.*, p. 735.
*26—G. Yogev, *Diamond and Coral: Anglo-Dutch Jews and Eighteenth-Century Trade* (Leicester, 1978), pp. 337-339; H. Pollins, *Economic History of the Jews in England* (East Brunswick, 1982), pp. 45, 49, 91; D. Taylor, *op. cit.*, pp. 75, 97. 守誠『ユダヤ人とダイヤモンド』(幻冬舎、二〇〇九) 五六頁。
*27—J. J. Tobias, *Prince of Fences: the Life and Crimes of Ikey Solomons* (London, 1974) passim; J. S. Levi, *Australian Genesis: Jewish Convicts & Settlers 1788-1860* (Melbourne, 2002), pp. 223f, 231.
*28—P. Magriel, *The Memoirs of the Life of Daniel Mendoza* (London, 1951) passim; H. U. Ribalow, *Fighter from Whitechapel: the Story of Daniel Mendoza* (Philadelphia, 1960) passim.
*29—ed. by., T. M. Endelman, *Disraeli's Jewishness* (London, 2002), pp. 23f; D. Cesarani, *Disraeli: the Novel Politician* (London, 2016), pp. 4, 78, 165, 220, 230f; H. Arendt, *The Origins of Totalitarianism* (N.Y., 1951), pp. 68-79.
*30—N. Ferguson, *The House of Rothschild: Money's Prophets 1798-1848* (N.Y., 1998), pp. 409, 426; D. Wilson, *Rothschild: a Story of Wealth and Power* (London, 1988), pp. 234f; H. Pollins, *op. cit.*, pp. 109f, 169; F. Morton, *The Rothschilds: a Family Portrait* (N.Y., 1961), p. 49.
*31—A. Green, *Moses Montefiore: Jewish Liberator, Imperial Hero* (London, 2010) passim; J. Frankel, "The Damascus Affair", *Jewish Social Studies* Vol. 3. No. 2 (1997), pp. 1-7.
*32—M. Arkin, *Aspects of Jewish Economic History* (Philadelphia, 1975), pp. 176-183; D. Taylor, Don

Pacifico: *the Acceptable Face of Gunboat Diplomacy* (London, 2008), p. 77.

＊33—C. Roth, *Essays and Portraits in Anglo-Jewish History* (Philadelphia, 1962), pp. 282-292; A. Allfrey, *Edward VII and his Jewish Court* (London, 1991), passim.

＊34—藤村欣市朗『高橋是清と国際金融―日露戦争と「外債募集英文日記」』上巻（福武書店、一九九二）一一八―二五四頁、R. J. Smethurst, *From Foot Soldier to Finance Minister, Takahashi Korekiyo* (London, 2007), pp. 152, 180f; R. Chernow, *The Warburgs* (N.Y., 1993), p. 110.

＊35—M. J. Meyer, *From the Rivers of Babylon to the Whangpoo: A Century of Sephardi Jewish Life in Shanghai* (London, 2003), pp. 11-73; C. Roth, *The Sassoon Dynasty* (N.Y., 1977), pp. 49f.

＊36—ed. by., W. E. Mosse, *Second Chance: Two Centuries of German-Speaking Jews in the United Kingdom* (Tübingen, 1991), pp. 339, 344f; M. Arkin, *op. cit.*, pp. 216-221; 守誠（前掲書）一四四―一四九頁。

＊37—M. Chatterjee, *Gandhi and his Jewish Friends* (London, 1992), pp. X-Xii, 39-105.

＊38—L. Stein, *Weizmann and England* (London, 1964), pp. 5-32; D. Wilson, *op. cit.*, pp. 296, 339-342.

＊39—D. Brian, *The Seven Lives of Colonel Patterson* (Syracuse, 2008), pp. 87, 94, 102f; M. Sugarman, "The Zion Muleteers of Gallipoli", *Jewish Historical Studies* Vol. 36 (1999), pp. 114-135.

＊40—M. Keren, *We are Coming, Unafraid: the Jewish Legions and the Promised Land in the First World War* (N.Y., 2010), pp. 136, 142f; C. Bloom, "Colonel Patterson, Soldier and Zionist", *Jewish Historical Studies* Vol. 31 (1988), pp. 235-245.

＊41—W. D. Rubinstein, *Elites and Wealthy in Modern British History* (N.Y., 1987), p. 133; H. Pollins, *op. cit.*, pp. 134, 195, 221; D. Taylor, ‘*Thank You for Your Business*’ pp. 129f; 横山三四郎『ロスチャイルド家—ユダヤ国際財閥の興亡』(講談社、一九九五) 一一六、一一八頁。

*42—W. D. Rubinstein, “Winston Churchill and the Jews”, *Jewish Historical Studies* Vol. 39 (2004), pp. 167-175; M. Gilbert, *Churchill and the Jews* (N.Y., 2007), pp. 4-7.

*43—ed. by., G. Reuveni, *The Economy in Jewish History* (N.Y., 2011), pp. 205-214; エドワード・エプスタイン著、田中昌太郎訳『ダイヤモンド神話の崩壊』(早川書房、一九八三) 一〇三、二〇〇—二〇六頁。

*44—木畑和子『ユダヤ人児童の亡命と東ドイツへの帰還—キンダートランスポートの群像』(ミネルヴァ書房、二〇一五) 五一—五四、七六—七九、一一六、一三一頁。

*45—ヴェラ・ギッシング著、木畑和子訳『キンダートランスポートの少女』(未來社、二〇〇八) 二六五—二八一頁。M. Emanuel and V. Gissing, *Nicholas Winton and the Rescued Generation* (London, 2003) passim.

*46—S. Goodman, *Spirit of Stoke Mandeville: the Story of Sir Ludwig Guttmann* (London, 1986), pp. 58f.

*47—ed. by., R. Kobrin, *Purchasing Power: the Economics of Modern Jewish History* (Philadelphia, 2015), pp. 143-150; *Encyclopedia Judaica* Vol. 6 (Jerusalem, 2007), p. 486; R. Coleman, *Epstein: the Man who made the Beatles* (London, 1989) passim.

*48—R. Philpot, *Margaret Thatcher the Honorary Jew* (London, 2017), pp. 35, 41-45, 67f, 164, 178f; A. Bermant, *Margaret Thatcher and the Middle East* (N.Y., 2016), pp. 4, 96f; G. Janner, *Jewish Parliamentarians* (London, 2008), pp. 153, 192f; 筑摩書房編集部『「鉄の女」と言われた信念の政治家—マーガレット・サッチャー』(筑摩書房、二〇一四) 一一—一二頁。

*49—D. Cronin, *Europe’s Alliance with Israel* (London, 2011), pp. 153-155.

＊50—D. Graham and J. Boyd, "Charitable giving among Britain's Jews", *JPR Report* (March 2016), pp. 7, 26; マーカス・シーフ著、ダイエー流通研究会訳『わが信念の経営—マークス&スペンサーとともに』（ダイヤモンド社、一九八七）四五—四六頁。

＊51—G. Alderman, "Chief Rabbinate: An Excursion into Myth-Making", *Judaism Today*, Number 3, Winter 1995/6 pp. 38, 41.

＊52—D. Graham, "Jews in Couple", *JPR Report* (July 2016), pp. 10-23.

＊53—"Labour's Sickness", *Times* April 29 2016; *Financial Times* April 28-29 2016

＊54—Sunday Times Rich List 2020; Roman Abramovich; Mikhail Fridman; Len Blavatnik; David and Simon Reuben 以上全てウィキペディアより

＊55—L. D. Staetsky and A. Paltiel, "Covid-19 Mortality and Jews", *JPR* (March-May 2020), pp. 7, 17, 23-29; A. Norfolk, "Coronavirus: Religious Festivities may have proved deadly to Community", *Times* April 8 2020 pp. 12f.

本文中の写真は著者撮影

著者略歴

佐藤唯行《さとうただゆき》

一九五五年、東京都生まれ。

一橋大学大学院社会学研究科博士課程単位取得。

獨協大学外国語学部教授。専門はユダヤ人史。

著書に『英国ユダヤ人』（講談社選書メチエ）、

『アメリカのユダヤ人迫害史』（集英社新書）、

『アメリカ経済のユダヤ・パワー』

『アメリカはなぜイスラエルを偏愛するのか』

（ともにダイヤモンド社電子書籍）等がある。

幻冬舎新書 626

英国ユダヤ人の歴史

二〇二一年七月三十日 第一刷発行

著者 佐藤唯行

発行人 志儀保博

編集人 小木田順子

発行所 株式会社 幻冬舎

〒一五一―〇〇五一 東京都渋谷区千駄ヶ谷四―九―七

電話 〇三―五四一一―六二一一(編集)

〇三―五四一一―六二二二(営業)

振替 〇〇一二〇―八―七六七六四三

ブックデザイン 鈴木成一デザイン室

印刷・製本所 中央精版印刷株式会社

Printed in Japan ISBN978-4-344-98628-2 C0295

さ-23-1

幻冬舎ホームページアドレス https://www.gentosha.co.jp/

*この本に関するご意見・ご感想をメールでお寄せいただく場合は、comment@gentosha.co.jp まで。